国际友人·中国抗战记忆丛书

# 为和平而战

【日】野坂参三 \ 著
殷占堂 \ 译

中共党史出版社

图书在版编目（CIP）数据

为和平而战 /（日）野坂参三著；殷占堂译 . --
北京 ：中共党史出版社,2025.7. -- ISBN 978-7-5098-
6784-6

Ⅰ . K265.606

中国国家版本馆 CIP 数据核字第 2025QN5413 号

书　　名：为和平而战
作　　者：[ 日 ]野坂参三（著）　殷占堂（译）

出版发行：中共党史出版社
责任编辑：王媛
责任校对：申宁
责任印制：段文超
社　　址：北京市海淀区芙蓉里南街 6 号院 1 号楼　邮编：100080
网　　址：www.dscbs.com
经　　销：新华书店
印　　刷：北京君升印刷有限公司
开　　本：880mm×1230mm　1/32
字　　数：85 千字
印　　张：4.5
版　　次：2025 年 7 月第 1 版
印　　次：2025 年 7 月第 1 次印刷
书　　号：ISBN 978-7-5098-6784-6
定　　价：32.00 元

此书如有印装质量问题，请联系中共党史出版社读者服务部　电话：010-83072535
版权所有·侵权必究

# 序 一

在纪念中国人民抗日战争暨世界反法西斯战争胜利 80 周年之际，中共党史出版社出版发行野坂参三著、殷占堂译的《为和平而战》一书，是件可喜可贺之事。

《为和平而战》一书，于 1947 年首次在日本出版。全书翔实、生动地记述了反战同盟成员对侵华日军开展的形式多样的政治宣传工作，展示了其在抗日战争中的特殊作用。

本书作者野坂参三（1892—1993 年），是日本共产党的创始人和主要领导人之一。1931 年，野坂参三被派往莫斯科，担任日共驻共产国际代表。1940 年初，野坂参三随周恩来一行来到延安后，受到毛泽东、朱德、任弼时等中共中央领导的欢迎。为了保密，他改名为林哲、冈野进。野坂参三于 1940 年至 1945 年在延安生活的五年多时间里，不仅参与创建了改造教育日军战俘的日本工农学校，还领导日本人民反战同盟的工作，对侵华日军开展形式多样、卓有成效的政治宣传工作，对瓦解和削弱日军起到重要作用，为反对日本法西斯、争取抗日战争的伟大胜利作出了特殊的贡献。

  本书译者殷占堂先生是我的老朋友，是资深媒体出版人。他旅居日本 40 年，收集了大量珍贵的抗战资料，长期追踪报道日本老八路鲜为人知的事迹，几十年如一日，笔耕不辍。他在国内外各大媒体上发表了大量的文章，拍摄了多部反映日本老八路的电视专题片，曾在央视军事频道播出。他还热心带领日本老八路到山东、山西、内蒙古、北京等地看望中国老八路战友，寻访战斗过的地方，为故去的老领导、老战友扫墓献花……

  殷占堂先生为日本老八路立传，为真实历史存证的拼搏精神，值得我们学习。

杨冬权

国家档案局原局长，中央档案馆
原馆长、研究馆员

# 序 二

　　凶恶强盗手持利器，突然闯入你家；为了生命和财产安全，被害者拿起武器，与强盗拼死搏斗，你说两者谁是正义的？毫无疑问，被侵害者当然是正义的，即便杀死了强盗也是理所当然的正当防卫！对于这一点，我想任何人都会毫无疑问认同。

　　日本发动侵略战争，闯入中国制造了九一八事变，搞了所谓满洲傀儡国，疯狂地发动了太平洋战争。这一切都是日本强盗的既定阴谋，是经过了长期精心准备和策划的，他们拥有先进的杀人武器，积累了雄厚的经济实力，突然间对中国发动了侵略战争。

　　这里所指日本，并不是指全体日本人民，而是一小撮统治和支配日本的少数人：军阀、财团、大地主、官僚等。这些人为了自身的利益，疯狂地掠夺别国的土地和资源，或者通过所谓的投资，残酷地榨取他国人民的利益。同样，在日本国内为侵略别的国家做准备，大肆发展军需工业，进而发动了侵略战争，攫取巨额的财富。而日本人民，不但连一分钱的利益都得不到，反而被迫勒紧腰带，过着战时极度贫困痛苦的生活，稍有不满和反抗，便会招来巨大的灾难。

因此，日本的军国主义者，为了自己的私利发动的侵略战争，是强盗闯入民宅的侵略战争，是非正义的战争！

为了维护国家的领土和尊严，为了保卫本国人民的生命财产，他们拿起武器，团结一心、奋勇前进、打击侵略者，不仅是全体中国人民在英勇战斗，还包括东南亚各国和地区以及美英为首的同盟国，都参加了反抗日本侵略者的战争。毋庸赘言，这样的战争是正义的战争！

现在（指1946年本书出版之际，译者注），日本广大人民看清历史真相。正在进行的东京大审判中，那些甲级战犯犯下的种种骇人听闻的罪行暴露无遗，恰好证实了过去侵略战争的本质：强盗战争、非正义战争。

在刚刚结束的这场战争中，日本人民被那些军国主义的追随者、鼓动者的谎言宣传欺骗，他们将其吹捧为"圣战""大东亚共荣圈"。因此，日本人民对于战争的侵略本质认识不清而上当受骗，对于那场侵略性质的战争给予支援，其结果却是日本惨败无条件投降，国家濒临灭亡，人民更是陷于极端贫困饥饿、无家可归、妻离子散、家破人亡的境地。

可贵的是，日本共产主义者以及反战先锋们，对这场非正义战争进行了针锋相对的英勇斗争。他们为什么这样做呢？

第一，他们懂得，如果不奋起反抗这场非正义战争，就会成为日本帝国主义者强盗行为的帮凶。因此，有识之士一定会反对这一侵略战争，希望尽快地结束这场强盗战争。

第二，这场战争不是为人民的幸福而战，而是只会给人民带来痛苦和死亡的战争，导致亡国的战争。因此，爱国爱人民的有识之士，必须奋勇反抗、斗争，促使尽早地结束这场战争。

第三，为了尽快地结束战争，首先必须促使日本军部尽快地倒台。只有使发动侵略战争的军国主义者下台，才会让人民脱离战争苦海，才能让人民从军国主义的暴政下解放出来，才会让人民民主政治实现和确立。假如，日本军国主义侥幸取胜，日本将会怎样呢？那就是军国主义者会继续执行战争时期的高压榨取政策，人民仍会丧失民主和自由。人民仍会像牛马一样被压迫，在工厂和农田辛苦劳作，而得不到应有的利益。不用说，中国及东南亚诸民族就会灭亡，善良的人民和社会就会变成日本军国主义任意压榨欺凌的奴隶。

现在，日本军阀、军国主义者已经倒台，成为阶下囚。因此，日本、朝鲜、中国、南洋诸国重新获得了和平。

由于以上诸理由，日本共产主义者，从日本军阀制造挑起的"满洲事件"时就开始奋不顾身、不怕流血牺牲，与日本军国主义作殊死的斗争。致力于将日本人民从战争深渊中救出，摆脱不幸，得到解放，挽救即将破灭的日本，这才是真正热爱祖国的仁人志士应走的正确道路。日本是由 90% 以上劳动人民组成的，人民才是国家的主人。

日本共产党，从日军发动的七七事变后不久（1939 年底），就在中国华北地区成立了反对日本军阀的组织。最初成立了日本人反战同盟（以下简称反战同盟），积极进行了各种形式的反战活动并取得了显著成效。到 1943 年改称日本人民解放联盟（以下简称解放联盟），到 1945 年在中国各地共建立了 13 个支部。日本投降后，解放联盟各支部盟员，在一些地方还十分活跃，做了很多有意义的工作。

反战同盟的成员，几乎全部是由日军俘虏组成。曾经听从军阀命令的侵略士兵为什么会掉转枪口，积极地与日本军阀作殊死拼搏呢？因为他们在铁的事实面前，认清了这场战争是非正义的，是反人民的侵略战争。

本书叙述的反战同盟的反战活动事迹，是 1944 年之前在中国各地的反战同盟成员进行反战活动的真实写照。本书是由前线送来的报告、文字记录、日记，还有少数盟员的口头汇报，精心筛选编著而成。本书还曾在 1945 年延安发行的《解放日报》上，以中文形式刊载，迫于当时的形势，书中的地名、人名等都用假名称替代。

本书由《解放日报》刊载后，毛泽东主席读后曾给予高度评价，受到中国各地人民和士兵的喜爱。

野坂参三

昭和二十一年（1946 年）六月

# 目 录 CONTENTS

## 一、利用电话和士兵谈话 /1
1. 我们不是幽灵 / 1
2. 要求增加军饷，改善待遇 / 30

## 二、谢谢送来慰问袋 /44
1. 精心制作慰问袋 / 44
2. 日军士兵是如何接收到慰问袋的 / 48
3. 说谎的小队长 / 51

## 三、喊话 /56
1. 分遣队长的哭泣 / 56
2. 深夜口琴声 / 60
3. 月夜欢歌 / 62
4. 春节慰问 / 68

5．被包围的日军自杀了 / 70

## 四、书信往来 /73

1．真柄中队长认输了 / 73
2．"牛骨"充"遗骨" / 80
3．请吃吧，没有毒 / 82
4．通过邮局送信 / 84
5．我的思想是八路军的思想 / 85
6．信与尸体一起送回 / 88
7．鹿岛一等兵参加了反战同盟 / 90

## 五、宣传工作座谈会 / 94

1．士兵要求书 / 94
2．请多多送来吧 / 97
3．日军岗楼上飘起了鲤鱼旗帜 / 99
4．在墙上书写标语 / 102
5．当官儿的卑鄙伎俩 / 103
6．实现《士兵要求书》的要求 / 104

7．士兵们的斗志越来越高 / 105

8．开色情酒馆的大叔 / 108

9．上等兵岛田 / 109

10．立刻转移 / 113

# 附录 /115

日本人反战同盟简记 / 115

# 一、利用电话和士兵谈话

## 1. 我们不是幽灵

1942年12月的一个夜晚,夜色浓重,伸手不见五指,只听八路军一位队长低声发出命令:"出发!"这时,一直在山崖下隐蔽的30名战士听到命令,悄无声息地开始行军。数九寒天,冰天雪地,部队在冻冰的小道上迅速行进。

他们不是普通的野战八路军战士,他们是配合、保护反战同盟成员在行动。他们不但携带步枪和轻机枪,有的士兵还背着电话机和一捆捆电话线,还有两名反战同盟成员一起行动。距离目标大约200米的地方,侦察尖兵折返回来向队长报告说:"没有什么意外的情况。"队长听了汇报轻轻地说:"好!"并命令部队决不能发出声响,继续隐蔽前进!

在浓浓的夜色掩护下,部队悄悄地接近了目标,在不远处,他们看到一处被敌人烧毁的房屋,地上还未燃尽的树木隐隐露出火星和细细的烟雾。队长低声发出命令:"快点进去,我们就在这里干吧。"于是大家在队长的带领下,进入这间被烧后的破屋里,呛嗓子的烟味非常强烈。大家迅速动手,拿起事先预备好的毯子、黑布将窗户和墙壁上的破洞堵好后,将蜡烛点着,跳跃的亮光照耀着队员们一张张兴奋而稍带紧张的脸。队长说:"白天从这里可以看到日军岗楼上的哨兵。"正说着,刚才派出接电话线的士兵,猫着腰跑了回来,高兴地向队长报告:"报告队长,一切就绪,非常顺利。"说着他将手里拉着的电话线很麻利地与电话机连接起来,迅速地做了调整,拿起听筒来听了一下,高兴地小声叫着:"太好了,通了,能听见声音!"在一旁的反战同盟成员渡边,高兴地一下子把听筒从电话兵手里抢了过来,紧紧地贴在右耳上。这部电话的电线将日军"东营"和"西营"炮楼电话接通了。距离大家隐蔽的破屋子顶多只有一里地。当然,"东营"和"西营"小队的岗楼的电话是与中心大岗

反战同盟太行支部结成集会(1942年8月)

楼里的中队部相连着的。

众所周知，侵占华北各地的日军，为了防备八路军和游击队的袭击，除了不断地进行"三光"作战，制造"无人村"外，还恶毒地建立了像毒蜘蛛网一样的大小岗楼，一直延伸到八路军控制的根据地内。一般的岗楼里驻有五名至十名日军，士兵多数为日军警备杂牌部队。为了彼此呼应，岗楼之间都架着电话线，不论白天黑夜都能及时通话联系。于是，我们聪明的反战同盟成员就想出了将电话线接在两岗楼之间的电话线上，既可窃听日军之间的通话内容，又可方便搜集日军动向的情报，更主要的是我们盟员可以用纯粹的日语与岗楼里的日军士兵通话、谈心，宣传八路军的各项政策及侵略战争的本质。有时还可以与他们拉家常，一起唱怀念家乡的民歌。这一方法，在很多地方推广开来，效果十分显著。

反战同盟成员渡边，全神贯注地将听话筒紧紧贴在右耳处，捕捉耳机里边的声音。队长和大家围在他身旁，紧张地注视着渡边的动作和表情，大家都屏住气静静地等待着。渡边一直在听，他头上冒出了细细的汗珠。原来他是在偷听"东营"和"西营"日军通话时的暗语或代号。例如，军队在换岗时的口令。过了一会儿，渡边高兴地说："好了，现在都知道了！"他看了一下手表，已经是夜里11点。渡边和另一位盟员及队长，再一次商量了今晚的行动计划和谈话内容，由渡边与日军士兵通话，另一位盟员准备好笔记本和笔，准备记录谈话内容。这是第一次用这种方式与日军士兵对话，所以大家显得既激动又新奇。

渡边用力摇动起电话机的手柄，拿起了听筒："喂，喂！"向东营岗楼开始呼叫，很快"东营"就有了回音。于是渡边故意拿着腔调大声说：

"喂，喂，是东营吗？"

"是东营，你是哪里？"

"你们每天辛苦了，天气相当的寒冷呀。"渡边没有直接回答对方的问话。

"你也辛苦了，我们这里没有异常情况，你到底是哪里呀？"

渡边停顿了一小会儿，清楚地说："我们是前些日子给你们送过慰问袋的反战同盟成员。"

一听渡边说是反战同盟，对方感到十分吃惊，连声音都有点变样了：

"啊，什么？反战同盟？你到底是谁？"

"请不要那么紧张吧，我原先跟你一样是日军士兵，是中山小队的渡边孝一。"

"什么！什么！你是渡边？真的吗？真的吗？混蛋！混蛋！"

从电话里乱糟糟的声音判断，这时岗楼里炸了窝似的乱成一团。因为这些日军过去得到的消息是：渡边在参加华泉城外的战斗中壮烈战死，已经将他的遗骨送回了他的故乡，怎么在这深更半夜里，渡边会打来电话，见鬼了吧……

渡边已经猜想出岗楼里日军士兵的惊慌,于是大声说:"你们不必惊慌,我不是幽灵。在华泉城外的战斗中我负了重伤,差一点儿去见阎王,是八路军从死亡的边缘上把我救活。现在我已经自愿加入反战同盟,在八路军里很自在地生活着。"

"呀,是这样的……"

"现在,离新年没几天了,我来是为了向大家表示慰问之意。另外是想告诉大家我还活着,而且活得十分愉快有意义!"

"啊,谢谢!谢谢!"谈到这里,"东营"岗楼将电话挂了。不一会儿,渡边的耳机里传来"东营"与"西营"的通话声。渡边于是顺势与"西营"的日军搭上话。

"喂,喂,是西营吗?"

"是西营。"

"这么晚了给你们打电话,真是对不起了!"

"你是哪里呀?"

"……"渡边沉默了片刻。

"喂,喂,你到底是哪里?"对方显然有些急了。

"我是前些日子给你们送慰问袋的反战同盟盟员,我是与你们同一个中队的中山小队的渡边孝一呀!"

"……"对方显然是感到十分意外,一时不知如何回话。

"我们送的慰问袋收到了吗?"渡边问。

"啊,顺利地收到了,谢谢!"

"怎么样，慰问袋里的东西还行吧？"

"非常好，都是十分珍贵的物品，真是感谢了！"

"中山小队长还好吧？"

"哈——哈——"对方直笑，并未回答。

这时渡边话锋一转：

"我也同你们一样，在被八路军俘虏之前，一直认为八路军和反战同盟是坏蛋。但是，当我来到八路军中亲眼所见、亲身体验之后，才知道日军的宣传完全是胡说八道！"

"是吗？"对方问道。

"新年快到了，现在为了迎接新年，我们反战同盟的成员忙得够呛，正在赶做日本式年糕，还积极排练文艺节目，准备在迎新大会上演出。"接着渡边又讲了一些反战同盟成员在八路军中备受优待的事情。因为今晚是第一次与岗楼里的日军士兵谈话，尽量不讲政治方面的大道理，这样的话，岗楼里的士兵便很有兴趣地接听了。

可是，突然之间，对方不说话了，耳机里听到一片杂乱的脚步声。渡边想，或许是日军士兵集合出动吧。这时月亮已升到中天，不便于掩护我们撤离。于是队长决定今晚的工作到此结束，这次电话谈话，进行了大约一个小时，相当成功。

约一个月之后，反战同盟成员，在部队的护卫下，又对"西营"岗楼进行了电话宣传。可是日军岗楼之间电话联络暗号常常变换，因此侦听了好一会儿，才探知了暗号。于是反战同盟成员首先给"西营"岗楼打电话：

"喂，喂，是西营吗？"

"是，是西营！"

"辛苦了，有什么情况吗？"

"这里一切正常，你是谁？在哪儿？"

"……"反战同盟成员并未马上回答。

"喂，你到底是谁呀？"

"这里是反战同盟。"

"哎？反战同盟？"岗楼里的士兵好像十分吃惊。

反战同盟成员将电话听筒贴近耳朵，暂时并未回话，不一会儿听到"西营"岗楼打往"东营"的电话，通话内容如下。

西营："喂，喂，是东营吗？我们是西营，你们那儿有什么情况吗？"

东营："这里平安无事，你们那儿怎么样？"

西营："我们这里刚才打来一个奇怪的电话，那个来电话的怪家伙应该还会来电话的。"

东营："什么怪家伙打来了电话，他说了些什么呀？"

西营士兵一边怪笑着，一边把反战同盟成员刚才打电话的内容学说了一遍，然后他们互相嘱咐对方，今晚要多加提防才好之类的话后挂断了电话。

过了一会儿，"东营"开始呼叫"西营"的电话又响了起来。

东营："喂，喂，是西营吗？有什么情况吗？怎么样，刚才那个怪家伙又来电话了吗?"

西营:"呀,现在还没有来。"接着双方说了一些今晚要加强戒备、做好随时准备出动之类的话。听到两个岗楼里的日军相当紧张,反战同盟成员想,今晚谈话的方式和内容应该变更一下才好。于是这位盟员装着一个老兵的口气大声说:

"是西营吗?"

"哈依。"听声音不是刚才接电话的那个士兵。

"你小子是谁?"

"我是山本,一等兵。"

"是山本啊,辛苦了。有什么异常情况吗?"

"没有异常情况,您辛苦了。"看来这个叫山本的一等兵真把反战同盟成员当成了东营的一位老兵了。

"你那里来过奇怪的电话吗?"

"呀,没听到过什么电话,有什么情况吗?"

"嗯,我们这里有自称是反战同盟的人来过电话,说什么我们执勤站岗辛苦了。还十分同情我们艰苦孤独的生活。"

"是这样的呀。"

"过一会儿很可能会给你们那儿去电话的,如果有电话的话,不要挂断,还是好好听听他说什么为好。"

"喂,喂,你是东营的谁呀?"显然对方对这样的对话有了疑问……盟员在未露出马脚之前,将电话挂断了。

正在这时,那个一等兵山本急急地呼叫:"东营,东营！刚才奇怪的电话是不是你们也接到过？"

"我们这里没有接到奇怪的电话，他跟你说什么了呀？"

"啊，那是个坏家伙打的骚扰电话吧？"

"坏家伙到底是谁呢？"

"哈哈……你小子真是傻瓜，到现在还不明白，那电话是反战同盟一伙儿打来的。"

一等兵山本虽然听到这么说了，似乎还是有点儿不大相信。于是东营的士兵又向他详细叙述了一遍。

反战同盟成员稍微休息了一小会儿，又开始呼叫"东营"：

"喂，喂，是东营吗？"

"是东营，你是哪里？"

"我是西营，辛苦了。有什么异常情况吗？"

接电话的士兵像是听出了不熟悉的声音，怀疑不是西营士兵的来电，于是着急地说：

"喂，你是西营的哪一个？你不是西营的士兵吧，是哪来的坏小子？"

反战同盟的成员笑着说："看你真是有点儿糊涂了，怎么能把我看成是坏小子呢。"

"坏小子，就是坏嘛。"

"你说的坏小子并不坏。怎么样，今晚有话要跟你聊，想听听吗？"

"嗯，愿意听听，请说吧。"

一、利用电话和士兵谈话 | 9

"谢谢,怎么样,最近生活得怎么样?"

"一切照旧,没什么变化。"

"是呀,站岗、放哨、随部队出动讨伐,真是辛苦了,我很同情你们。"

"得到你们这伙人的同情,不是太奇怪了吗?"

"哎,不能这么说,我也曾经体验过在部队里的苦日子,你们的情况和心情我十分清楚。"

"是吗?"

于是盟员便渐渐将谈话转到了主题上来。

"这次战争拖了这么长的时间,你们期满归国之事也遥遥无期了。"

"哎,我们现在也不去想期满回家的事啦。"

"你这是说谎,谁不想服役期满回家呀,我知道没一个不想的,只是现在战事吃紧,没办法实行期满回乡的规定罢了,就是能回到日本故乡,也会被迅速召回前线,换个地方驻防——北满或南洋。我们普通士兵不论派到哪里都是炮灰,谁也不会救助我们……"

听到这里,岗楼里的士兵转了话题,突然问:

"喂,你们在八路军那里干些什么呀?"

"我呀,就在日本人组织成立的反战同盟里边工作。一提反战同盟,你们就想到这是敌人,实际上我们决不是你们的敌人。"

"不是敌人,那是什么呢?"

"不用说,我们是跟你们一样的,如果不拼命劳动就吃不上饭的普通人民哟。也就是说,我们是同病相怜的兄弟呀!"

"真是胡说八道,真正的日本人能干你们这样的事吗?"

"我们是真正认真关心日本国家利益的,为了日本和日本人民才这样做的。你们好好想想看,这场战争是只有我们普通百姓深受其害,我们的父母兄弟姐妹每天都在暗暗地哭泣。就说你吧,你也不会是因为喜欢战争、喜欢杀人来到这里的吧?谁都是被强征来的。"

"那还不是为了国家?这也是理所当然的啦。"

"哼,说是为了什么国家,你不想想这个国家是受谁的支配和操纵的,还不是什么东条英机大将、大资本家、混蛋政治家那些人吗?有我们穷苦人的份儿吗?现在的日本内阁里有你的亲戚和朋友吗?"

"那倒是没有呀。"

"是吧,说得倒好,为了国家、为了国家,实际上还不是为了那些大军阀、大官僚、大资本家吗?我们当兵的只有卖命、丢命的份儿!"

"……"对方一直无话。

"现在你明白一些了吧?"

"不过,你这是在做宣传煽动人心吧。"

"我们不是宣传煽动,而是告诉你事情的真相,知道吗?"

"知道是知道了，现在已经很晚了，你还是回去吧。"

"是呀，这就回去。可是还想说一句：我们反战同盟的目的就是想尽早尽快地结束这场罪恶的战争。是得到八路军全面支持的正当活动。"

"八路军中有不少日本人，是真的吗？"

"当然是真的，有很多、很多。大家都精神焕发地工作着，愉快地生活着……"

说到这里，电话断了，不一会儿"东营"又开始呼叫"西营"，反战同盟成员很巧妙地截住了电话，便向"西营"呼叫：

"喂，喂！是西营吗？"

"是西营，没什么异常情况，你们那里如何？"

"喂，喂！我们先来个约定，说话中千万不要将电话挂断呦！"

"说什么呢？这不是通话中吗，怎么会切断呢？"

"呀，不是说现在，是说从现在开始直到说完，中途不要挂断。"

"说什么奇怪的话呀，你到底是谁呀？"

"我就是你们所说的坏家伙呦。"

"什么？你小子怎么又来了？要干什么？"显然对方既惊讶又有些好奇。

"你不必担心害怕，我是你们的好朋友。"

"朋友？还是什么好朋友，真见鬼。"

"我们不是来袭击你们的,请不必担心。"

"……"

"哎呀,对不起忘记问候了,祝你们新年快乐!大伙儿身体还健康吧?"

"都挺健康的。"

"这就好。"盟员就侵略者的罪恶,反战活动的意义、目的,八路军是我们的友人等话题,简明通俗地说了一遍,用了十来分钟。对方一边听一边"嗯、嗯"应着。盟员担心时间长了会招来当官的制止和惩治士兵,于是最后说了一句"晚安",对方也应着"晚安"。

结束了对"西营"的谈话,盟员又叫通了"东营"岗楼的电话。接听电话的听口气可能是小队长或是一位老兵,对方先是生硬地说:"喂,这么晚了,你小子什么的干活?"

"我呀,在战斗中负了伤,被八路军俘虏了。正因如此,我的命运改变了,我现在很幸福。"

"嗯!被敌人俘虏了,有什么幸福可言?"

"当然,刚被俘虏时认为八路军是匪贼,曾经几次企图自杀,也大叫着:'杀了我吧,杀了我吧!'可是八路军并不像日军,他们不但不杀俘虏,也丝毫不侮辱俘虏。不论我多么疯狂地号叫、挣扎,八路军士兵只是微笑地说:'我们不杀俘虏,优待俘虏。'他们不但给我治伤,还尽量给我做好吃的大米饭,他们只能吃小米。他们一直很热情诚心地照顾我……"

对方没有言声,是真的在听吗?盟员又问了一句:"你在听吗?"

"听着哩,再多说一点儿吧。"

"好,接着说。在我养伤、思想很混乱的时候,八路军中一位会日语的人来找我谈话说:'我们八路军并不是与你们士兵拼死搏斗,我们是与挑起侵略战争的大军阀、大资本家在战斗。因为日本的普通士兵和人民,与中国的普通士兵和人民是一样的,大家的处境和痛苦,我们是清楚的。所以,我们八路军把日本普通士兵当作朋友来对待。'这样的话听了以后,再看看人家对自己的亲切态度,我慢慢地对这场战争的本质、八路军的真实情况逐渐有了了解。"

月夜通话
(殷占堂绘)

"……"对方在认真听着,没有言声。

"现在,我得到了新生,做着有意义的工作,生活得十分愉快和自信。"

"是吗?"

"我呀,现在再也不想回到日本军队中去了,对你们也十分同情,在日军里不但毫无自由、任人打骂,给养军饷也越来越少。"

"你胡说什么呢,你这小子就是一个窝囊废,我们的军规是非常严格,可是我们都已习惯,过得不错。"

"你认为我是窝囊废,那是你目光短浅。你好好听完我的话就明白了。"

"知道你会反驳的,那就再说说吧。"

"你好好想想看,说是为国而战的,其实是毫无意义地白白去送死,是为大军阀、大资本家当炮灰。正因为我们真正懂得了这场战争的侵略本质,诚心想把日本人民从战争的磨难中尽早地拯救出来,是为了和平而进行反战活动的,我们问心无愧,活得十分愉快。"

"就因为这,你就活得十分愉快?真是混蛋!"

"你先别骂人,你好好想想这场战争到底是为了什么?你知道在故乡,我们的父母兄弟姐妹正遭受着怎样的苦难吗?你考虑过国家将来的前途吗?照这样下去,日本只有一个结果,就是被毁灭呀!当兵的只有听从当官的命令,从早到晚像牛马一样,被紧紧地驱赶着,这还算是日本人吗?"

听了这话,对方好像很生气地说:

"你这家伙根本不知道真正日本人的心情和愿望。"

谈话的盟员心平气和地继续说道:

"其实,是你不了解我们的心情和愿望。但是,你们的心情想法,我们是很清楚的。我们是为了日本的普通士兵和日本人民的幸福而进行反战活动的,这一点希望你们理解才好。"

"等我理解了你们之时,我也许已经回到日本啦。"

"是吗?能回去吗?我从心里祝愿你能平安地回到故乡。"

"谢谢你的祝愿,再一次谢谢你,哈哈——"

对方突然发问:

"你这家伙,现在在哪儿藏着呢?"

"就在你们岗楼南面。"

"有八路军掩护部队吗?"

"当然了,大约有一个营的部队,哈哈哈,不过有没有掩护部队都是一样的。我们不是来袭击你们岗楼的,也不是来割断你们电话线的,这一点放心好了。"

"是吗?知道了,知道了。"

"我们和你们没有非要决一死战的理由,我们和你们都是被强征入伍、远离家乡的苦命人、同病相怜的受害者。"

"是呀,我们也没把你们当作敌人哟。"

"所以说,我们是来慰问你们的。在这之前还送了慰问袋,想必收到了吧?"

"是的,收到了,谢谢!"

"袋里也没什么贵重之物,只是略表心意,多多原谅。"

"不错,不错。你们深更半夜地出来活动,也真够辛苦了,辛苦,辛苦!"

"不辛苦,这么晚打电话打扰了,真是不好意思呀。"

"没关系!没关系!"对方大声地说。

"喂,你到底是谁?"盟员乘机提问。

"我是东营的警备队长，这一带没人不知道我……"

"是吗，队长先生，可否告诉我尊姓大名？"

"我的名字呀最近变了。"

"那么，现在叫什么呢？"

"现在吗，忘了……哈哈哈。"

盟员想，这次谈话到了该结束的时间了。

"现在几点啦？"

"稍等一下，看一下表……呀，快两点半了，太晚了，今晚就到此结束吧！"

"是的，我们也该撤了，你们有什么需要的，不要客气尽管说，我们一定送来。"

"谢谢，这阵子还没有什么需要的。"

"是吗？"

"其实，还真想听你多说一些，可我身为队长，不行呀。要是让上级知道了，可就麻烦了……"

"真是不好意思，给你添麻烦了，真对不起。祝你健康。"

"我也祝你们健康好运。"

双方这样静心亲切地谈话，还真是少有。

"喂，真是谢谢啦，咱们都互相祝福吧。如果有时间，希望给我写信呀。"盟员诚恳地说。

"信当然可以写。怎么样，有机会来我们岗楼玩玩吧？"

"谢谢，我们到你们岗楼来，不会有事儿吧？"

"没事儿，没关系，绝对安全，请放心吧。"

一、利用电话和士兵谈话　17

"这么说，一定会来的……"

"嗯，来吧来吧。欢迎欢迎，加油吧，晚安。"

"再见，晚安。"电话声消失在黑夜中了。

* * *

这次行动很顺利。电话交谈之后大约一周，反战同盟成员又来到距离"东营"岗楼一里地左右的一个新岗楼附近。这一带岗楼里的日军士兵几乎都知道了反战同盟打电话谈心的事情。因此，士兵们对于反战同盟的活动，都以好奇的、同情的态度来对待，可是当官的却担心受到上级惩处，所以警惕性很高。电话之间的呼叫暗号常常变换。所以要摸清他们之间的呼叫暗号是很费事的，通过侦听，终于，今晚可以通话了。

今晚是以反战同盟渡边盟员为首，来到了叫"新南"的岗楼附近，渡边首先打电话：

"喂，是新南吗？"

"是，是新南。"听声音像是一个年轻的新兵。于是渡边以当官的口气问：

"你小子是谁？"

"我是吉田。"

"是吉田呀，辛苦了。"

"请问，你是哪里呀？"

"我呀，是最近给你们送过慰问袋的反战同盟。"

"啊，反战同盟呀？……"

"不要害怕,收到慰问袋了吗?"

"收到了,收到了,谢谢!"

"前些日子,给我们转送来的慰问袋和信件,我们也收到了,非常感谢你们的好意,谢谢!"

"呵呵,礼尚往来是应该的,不用客气。"

在这里有必要说明一下,我们反战同盟在年底做了不少慰问袋,千方百计给周围的日军岗楼送了过去。可是只有这个"新南"岗楼没有送,原因是"新南"是个中心岗楼,人多戒备森严;没想到的是,到了年底,"新南"岗楼倒给反战同盟转送了一个慰问袋。于是反战同盟成员火速赶制了两个慰问袋,尽快地送给了"新南"岗楼。因此,这次一开始谈话时,渡边就问"收到慰问袋了吗?"新兵吉田回答"收到了""谢谢"之类的话。

渡边又问:

"吉田君,你的老家是哪里呀?"

"我的故乡就在富士山附近。"

"是吗,好地方呀。"

渡边与吉田的电话对话,可能被城里的大队部监听了,突然间电话中传来大声斥责声:

"混蛋,你现在跟谁在说话,是八路军打来的电话吧,你还嗯呀嗨呀地答应着,什么故乡在哪里呀?为什么要听这种煽动电话?混蛋,混蛋,你还像个日本军人吗?"显然是中心岗楼里当官的在发怒。

一、利用电话和士兵谈话 | 19

受到斥责的吉田士兵，可怜巴巴地说：

"嗨依，我错了，对不起。"

"今后要注意！"

这件事，大队部很快通知了中队，于是中队长很快给吉田打了电话。

"你是吉田吗？"

"嗨依，吉田，是吉田。"

"刚才是从哪里打来的电话？"

"嗨依，是反战同盟打来的。"

"都说了些什么，说说看。"

"嗨依，最初是问新南吗？我说是新南。接着问你是谁，我说我是吉田……"

"混蛋！对敌人说出自己的姓名，混蛋，大混蛋！"

"可是，一开始，我没想到是反战同盟来的电话，听声音是日本人，我想是从哪个岗楼来的电话。"

"所以，我说你是个混球、混蛋！"

没想到这时吉田士兵很气愤地反驳说：

"但是，如果是你，中队长，有电话打进来问你的姓名，你能不回答吗？肯定是要说出自己的姓名吧。然后才说出收到慰问袋感谢之类话的。"

听了吉田反驳的话，当官的十分生气，大声叫着：

"混蛋，你还敢与上级顶嘴！你小子简直是我们中队的耻辱！不教训你一下要反天啦，明天你来中队部一下，听见了吗？"

"嗨依，嗨依……"回答很响亮，但是听出了不满意。

渡边听到中队长训斥吉田的电话，想到明天吉田到中队部挨整的情景。渡边有点儿同情吉田，心想：有什么法子可以减轻吉田挨整的程度呢？正想着，突然"东营"岗楼呼叫"新南"的电话响了起来：

"是新南吗，吉田在吗？让他接电话！"

"稍等一下。"电话里发出呼叫吉田的声音。不一会儿吉田接了电话：

"我是吉田，有什么事吗？"

"吉田呀，我是木村。刚才与中队长说了些什么呀？"

"就说了反战同盟来过电话问我姓名，我如实回答了。然后说谢谢送慰问袋、感谢之类的话，因此受到中队长一顿训斥。你说这算什么事儿呢？"

"就这个，算不了什么，哈哈。"那边笑着把电话挂了。

木村刚挂断电话，紧接着，名叫"同王"的岗楼又给"新南"来了电话，跟刚才一样也是叫吉田接电话：

"我是吉田，又有什么事呀？"

"吉田，反战同盟跟你聊什么来着，中队长又说了些什么？说说看。"

"啊呀——干什么呀，别这么欺负人啦，我正烦着呢，别乱打听了行不……"

打电话的人说："反战同盟从年底开始，周围这一带都转到了，又谈话又送慰问袋。我在'西营'的时候，接过在

一、利用电话和士兵谈话 | 21

同一个中队战友渡边来过的电话说现在他在反战同盟生活得很愉快，跟给你打的电话内容大概差不多，不过今晚要特别注意，加强警惕哟……"

不一会儿，中队长喊叫着，对岗楼里全体士兵下达了命令：

"如果反战同盟打来电话的话，你们就大声骂八格牙路，八格，就行了。谁也不准与他们聊，知道了？记住了吗？"

看来今晚的情况不太好。于是渡边便与八路军掩护队队长商量了对策，两人一致认为，无论对方如何粗暴地谩骂，我们一定要骂不还口，千方百计让他们能听我们讲话，最好……

于是，渡边叫通了"同王"岗楼的电话，电话里传来一阵乱糟糟的声音，当他们知道是反战同盟来的电话，于是按照中队长的命令便大声地喊着：

"八格牙路！八格！"

"说什么呢，谁是八格牙路？"渡边口气缓和地回答。

"当然是你们啦，什么八路军中反战同盟，简直是混蛋，是坏了良心的混蛋！"

"你瞎扯什么呢？完全是颠倒黑白。"渡边缓缓地说。

"你们呀，是打肿脸充胖子，被俘了只好为八路军工作……"

"说什么充胖子，你们是真正不理解我们。你看到过我们真实的生活吗？简直是胡说八道！"渡边有些生气地大声说。

听对方的语气，像是一个上了年纪的老兵，他问：

"你的故乡是哪里？"

"我家在富士山附近，景色很美的地方。"

"你说谎，你根本不是日本人！"

"胡说八道，老子是正儿八经的日本人！"

"什么真正的日本人，日本人中有你这样的胆小鬼，投降屈膝的懦夫吗？"

"混蛋！真他妈大混蛋！"年轻气盛的渡边早已忘记了刚才与八路军队长合计的战术了，怒冲冲地对骂了起来。在一旁的另一名盟员赶紧拉了一下渡边的衣袖，示意他要冷静。

这时对方又挑衅地说：

"喂，你小子怕死吗？"

"我呀，对于死，一点都不害怕。"

"既然那样，你小子就该像个真正的日本人，赶快剖腹自杀吧！"

"不必你说，真正到了该死的时候，我一定会毫无畏惧地去死，可是我的生命可比你们的珍贵得多。我们现在干的主要工作，就是把像你们这样的士兵和受苦受难的人民拯救出来，尽早结束这场残忍的混账战争，这才是一个真正日本人应该干的事。为了正义的事业，需要我死的时候，我会大义凛然地去死！"

"……"对方一时无语。

"你们呀，成天挂在嘴边嚷嚷着，为了天皇、为了国家，这才真正是糊涂蛋、大混蛋。这场战争带给人民的只有苦难，得利的只有大军阀、大资本家。为了这个强盗战争而死，那才是毫无意义的白死！"

"说什么混账话，混蛋！"

"你小子是个顽固的混蛋！"

"什么顽固，你才是顽固的糊涂蛋！"对方越来越生气地吼叫着：

"你们有种的，原地不要动，十分钟以内，我会给你们送'好吃的'……"

渡边笑着回应：

"你们来吧，我们欢迎，我们也有'好吃的'送给你们……"

"你个混蛋，你不是一个人吗？"

"你才混蛋呢，怎么会就我一个人，至少有30多人等着你来呢！"

"30多人，现在在哪儿？"

"在北寨哟。"

"很近呀，我问你，你打电话来，是哪个最先拒绝接电话的？"

"谁都没有拒绝过我的电话，电话就是让人通话的。所以，我当然可以利用的，知道吗？"这时渡边话题一转问道：

"嗨，你对于世界的形势了解吗？"

"说什么大话呢，咱是大学毕业应征入伍的，谁像你们山沟沟里连汽车也没见过的人呢，还讲什么世界形势，你懂吗？"

"不过，不管怎么说，我可比你们成天藏在岗楼里的可怜虫知道得多。知道吗，希特勒是兔子的尾巴长不了啦，德军进攻斯大林格勒之战遭到惨败。30多万的德军死的死、伤的伤，其余的全部被俘。你不知道吧！这就意味着希特勒末日的到来。"

"胡说吧，真有这样的事？"看来一直被上级谎言蒙蔽的日军士兵对于世界形势真是不了解。

渡边接着说：

"日本也已开始失败，瓜达尔卡纳尔岛的守军，全部战死的事儿，你知道吗？日本面对20多个国家作战，能胜利吗？"

"你这个日本人的叛徒，日本失败，你在一边幸灾乐祸，对吗？"

"我们既不幸灾乐祸，更不冷眼旁观。作为真正的日本人，诚心诚意的爱国者，为了日本人民的幸福安定，所以在拼命做着反战活动。"渡边想道：这么个无知顽固的家伙，没必要再谈下去了。于是最后说：

"今晚就到此吧，希望你们能与八路军部队搞好关系，有时间写信来……"

"写信，可是给你们写信的纸却没有，哈哈……"

"没纸，那好，我们给你们送纸来。"

"今天太晚了，再见了，反战同盟，晚安……"对方说完将电话挂了。

渡边还没把耳机放下之时,中心岗楼打给"同王"岗楼的电话响了起来,听口气接电话的人,好像是一个小队长,是分遣队里一个叫"前田"的班长:

"前田班长,你那里的士兵与反战同盟的家伙进行了长时间的谈话,这可是严重的事件,那些家伙的胡说八道千万不要听,也许还会打来。再说一句,千万不要接听呀!"

"嗨依,遵命!"

"反战同盟那些家伙,特别会说会宣传,全是别有用心的煽动,要特别注意哟!"

"嗨依,知道了!那些家伙打哪儿打来的电话,您知道吗?"前田小队长问了一句。

"说是在北寨,可是听声音,好像就在附近。"

"听说北寨的电话线,前些天被八路军割断了,估计他们就在你们岗楼附近,检查过了吗?"

"我们派自卫团进行过多次检查搜索,可是没发现什么异常情况。"

"是吗,那些家伙也可能拿着活动电话吧。"

被训斥了一番的小队长,刚刚放下电话,渡边毫不犹豫,立即叫通了"同王"的电话,让前田班长接电话。前田接过电话问:

"你是哪里?"

渡边慢慢地说:

"就是前一阵子给你们添了麻烦的反战同盟。"

"你这家伙还没走吗？有什么可说的吗？"

"当然有了，前田班长辛苦了，能听一下我的话吗？"

"嗯，只是听听，可以吧。"

"前田班长离开故乡时间很长了吧，现在一定想念故乡的亲人吧。"

"我现在没工夫想那些事儿，你离开日本有多久了？"

"我呀，昭和十五年（1939年，译者注）出来的。"

"是吗，你是真正的日本人吗？"

"是真正的日本人，你耐心听听我的事儿就明白了。"

"如果你是真正日本人的话，干什么反战同盟，不是大错特错了吗？你应该反省反省，赶快回到部队多好，日本人把名誉看得比什么都重要。我们现在也是为了日本的名誉而战斗的，所以没工夫怀念故乡什么的……"

听对方这么一说，渡边就想：这小子显然满脑子中了日本武士道之毒，而且相当深，但还是能听我们的谈话。渡边又跟他说明反战同盟是为了尽早结束这场侵略战争，为了日本人民过上安定幸福的生活而积极进行各种活动的。对方只是"嗯、嗯"地答应着，继续听着。渡边接着开始讲中国人民的抗战实况。

"中国人民为了民族独立、领土完整，已经进行了六年多的抗战。他们顽强地战斗，决心将妄图侵吞中国的日本侵略者、大军阀打倒，赶出中国。因此他们进行的是反对侵略的正义战争。"

"你说的这些全是八路军的赤色宣传！"

"这不是宣传，班长，你想过没有，假如日本就是现在的中国，也就是说，哪个帝国主义国家派几百万军队侵入日本；比方说，把'九州'变成像'满洲国'一样的傀儡国，进而又占领了大阪，然后在那里成立像南京成立的'汪伪政府'。班长你说，这能叫圣战吗？"

"……"对方一时无话可说。

"我想，全体日本人民绝不会答应，一定会勇敢地对侵略者进行战斗。真到那时，我们都会奋起，站在最前线奋勇杀敌，这不是很明显吗？所以，中国人民的抗战是赶走侵略者的正义战争！"

"你举的这个例子，不太恰当。我们从'支那事变'（七七事变）开始来到中国，是为了解放大东亚十亿人民的，是建设'大东亚共荣圈'的……"

这个班长显然是深信了军国主义的宣传，于是渡边换了一个话题问：

"前田班长，八路军是怎样的军队，你知道吗？见过吗？"

"我呀，八路军是坏是好，我都没见到过。只是听说八路军是在中国共产党领导下的军队，有他们自己的目的和任务。不过不管怎么说，他们是我们的敌人。"

"因为你没见过八路军，不了解他们，甚至误解他们也就算了。远的暂且不论，请了解我们反战同盟的正当正义活动。"

"你说你们是正当正义活动，既然那样就堂堂正正大白天来怎么样？如果那样，岗楼里的士兵也会听听的，何必深更半夜，隐蔽起来打电话，其余士兵也听不到。你小子，是不是害怕白天？胆小鬼！"

"一点也不害怕，你们要真是想听听，那我们白天也会来岗楼的。"

"噢，你们真有胆量来岗楼的话，我们绝不伤害你们，放心来玩，走的时候会护送的。"

"是吗？谢谢！抽出时间一定来打搅的。"

"好，诚心地等待着。"

这时，突然间，听到了那个小队长训斥前田的声音：

"喂，前田！真是够呛，一点儿也没记住我下达的'不准谈话'的命令。又听什么反战同盟的宣传，这要是让上级知道了，还了得吗？"电话立刻挂断了。

渡边想安慰一下挨训斥的前田班长。于是又拨通了电话呼叫着：

"前田班长，前田……"前田没敢接电话，而是那个训人的小队长接了："喊什么前田，你到底是谁？"

渡边回答道：

"喂喂，前田班长在哪儿，你又是谁？叫什么？"

"别管是谁，更没必要告诉你姓名。"

"是吗，我是你知道的反战同盟成员，你虽然不愿意说出姓名，但是我知道你的官职。"

对方一听，好像有了兴趣，问道：

一、利用电话和士兵谈话　29

"那你说说，我是什么官位？"

"听你说话的口气，大概是位尉官。"

"说的差不多，当官儿的是负有职责的，你知道吧？"

"不用说，当然知道。当官儿的应为士兵的生命负责，并指挥大家完成任务。我说的不错吧？"

渐渐地这个尉官忘记了上级不许与反战同盟对话的命令，竟然被渡边的谈话吸引住了，他说：

"你们反战同盟干不光彩的事儿，只在黑夜来，藏在暗处打电话。有本事白天来呀，你们的宣传真是胡闹幼稚！"

"是我们宣传幼稚还是你头脑幼稚？现在你应该明白，不管怎么说，事实是日军随意杀害无辜的中国人，烧毁人家的住屋，抢夺人家的财物，即所谓的'三光'作战。我们是坚决反对的，而且一定反对到底……"

"不管你怎么说，作为日本军人是不会听你那一套的。"

"可是，目前世界形势在急剧地变化着，普通日本士兵是想听到真实的情况的。而且在日军中反战情绪也在渐渐高涨。"

"胡说！造谣生事！"

对方怒气冲冲地吼叫着，电话挂断了。

## 2．要求增加军饷，改善待遇

昭和十八年八月十三日（1943年8月13日）夜，一轮明月当空，照得四周如同白昼一样，反战同盟成员和八路军

的掩护部队隐蔽在路旁的深沟里,等待着八路军侦察员归来。等待了几袋烟的时间,侦察员终于回来了,他向掩护分队队长报告:

"山边的岗楼里有日本兵10名,步枪10支,轻机枪1挺,掷弹筒1个,发射筒2个,手榴弹1箱,步枪子弹3大箱、3小箱,另外还有6名伪军,步枪6支。"

听了侦察员的汇报,队长问侦察员:

"据了解,昨天岗楼里还有12名日本士兵,那2名去哪儿啦?"

"今天中午木村小队长来这里,带了两名士兵去了东沟镇。"侦察员说。

于是队长向全体队员宣布了今夜行动计划后,部队静悄悄地出发了。道路两旁的荞麦长得很高,快到收获之时了,麦穗沉甸甸的,穗子上的露珠在月光辉映下一闪一闪地发着亮光。小分队静静地穿过荞麦地,来到一个洼地隐蔽后,大家观察到不远处日军黑乎乎的岗楼。队长低声告诉大家:那就是"山边"岗楼。又隐蔽前进了一会儿,来到了公路附近的山坡下,大家按照队长的命令都各就各位隐蔽好。电话员一阵忙活,一切准备就绪,并接通了岗楼的电话。反战同盟成员小林将听筒紧贴耳朵仔细听了有半个小时,侦听到了各岗楼之间电话呼叫暗号:什么"北斗七星""夫中""若木""坂本"等等。小林首先呼叫"北斗七星",就是"山边"岗楼:

一、利用电话和士兵谈话 | 31

"喂,喂,北斗七星吗?"

"嗨侬,是北斗七星。"听声音是一个年轻的士兵。

"我这里是'夫中',你那里有什么情况吗?"

"啊,辛苦了,这里没什么异常情况。"

小林以亲切的口吻说:

"最近,有什么可疑的事情吗?"

"什么也没有啊!"

"是吗?没收到慰问袋吗?"

"有好长一段时间,什么也没有收到过。"

"可是,我们这里却收到了八路军送来的慰问袋。"

"哎?八路军送的慰问袋?"

"是呀,慰问袋里有好多我们需要的物品,还有信哩。"

"是吗,真有意思。"看来这个新兵对此很感兴趣,一点点怀疑也没有,于是盟员继续说:

"还有这样的传单,上面写着:日本工农学校晋西北分校招募学员!这些传单全是八路军里边的日本兵写的,他们写着:我们在战斗中被八路军俘虏,可是八路军并未把我们当成敌人对待,而是亲切地当作友人对待,我们还建成了自己的学校,这个学校……"

"哎哎,等等,你到底是哪里?"这个新兵听着听着起了怀疑。

"我是夫中哟!"

"夫中里的哪位呀?"

"听我的声音还不知道谁吗？"

"听不出来，你到底是谁？"

"是小林。"

"小林，夫中可没有叫小林的人，你说实话，到底是谁？"对方高声地问。

"啊，是吗，我告诉你，我是日本反战同盟的人。"

"什么？"这个新兵还是不大明白。

"我是反战同盟。"

"哎，反——战——同——盟！"看来这个新兵十分吃惊。

"喂，不必那么吃惊，我呀，跟你一样，过去也是日本兵。我现在虽然在八路军里，是为了解除日本人民和士兵们的苦难而活动的，反战同盟就是进行这一活动的进步团体。目的就是说服日本士兵们尽早尽快地结束这场罪恶的战争。"

"噢，等一下，我要小便，等一等。"盟员想，这个新兵可能是向上级报告去了，也可能与同伙商量去了。大约过了五分钟，电话又响了：

"喂——喂——"从听筒里听出，电话旁好像集中了好几个人，一个人说："你是哪里？"没等这里回答，只听旁边一个声音说："反战同盟。"

这时盟员小林开始说话：

"我告诉你们一个有趣的新闻，大伙儿好好听听吧。"

"如果有趣的话，就听听吧。"对方笑着回应。

"最近，在丰安城附近的战斗中，你们的战友死了六个，

一、利用电话和士兵谈话

知道吗？"

"知道、知道，那是奥村小队的人。"

"可是那个叫奥村的少尉小队长，在战斗中只是足部受了一点点擦伤，那小子就扔下大伙儿跑了回去。没有指挥官的小队处境可惨了，六个人全受了重伤，可是没人去及时救护他们，以致全部惨死。看看吧，倒霉的总是我们当兵的呀。"

"……"对方无言。紧接着小林想起了他们写的"士兵要求书"的第一条，随即说道："撤退时，必须救护负伤的人，这一条一定要向中队长明确提出……"

"八格牙路，八格牙路！"两三个人怒吼着。

"喂，光是骂什么问题也解决不了。只能给自己带来坏处的，这场战争爆发后，你们家的生活变好了吗？只能是越来越糟。"

"那没办法，这是战争时期，为了建设'大东亚共荣圈'，建立'新秩序'嘛。"

"什么'共荣圈'、什么'新秩序'，你们真知道是什么意思吗？"

"嗯，我们又不是什么学者，解释不清，你还是说点有意思的事儿吧。"可怜这些士兵从入伍后几百几千回听到过"共荣圈""新秩序"的鼓吹宣传，真正的含义其实不甚了解。因为这些农民和工人出身的士兵，他们什么"新秩序"利益也没得到过，盟员本想进一步给他们解释一下所谓的共荣圈与新秩序，又怕他们听不进去会把电话挂断，所以就从他们切身的生活问题谈起吧。

"你们最近一个月能领到多少香烟？"

"好多，好多，多得都吸不完。"显然这是谎话，据反战同盟调查他们一周只发给三盒，于是笑着说：

"是吗？我知道一星期只有三盒，你们常常去偷抢老百姓的旱烟，哈哈哈……"

被揭穿真相的那些士兵们沉默不语了。盟员接着说："最近，从国内寄来的慰问袋少了吧？我在部队之时，一星期最少能接到两三个……"

"现在跟过去一样哟！"士兵们在说谎。

"是吗，我过去待过的岗楼，从去年12月至今一个也没接到。"听到这里对方都不言声了，听筒里传来士兵的议论声："这家伙很了解内情呀！"

"最近吃的怎么样？"盟员一改话题。

"与两三年前一样，挺好的，你们这伙人在深山里只好吃糠咽菜吧。"

"真是胡说，我们呀，早饭吃的是馒头、豆腐、肉，你们早饭吃的是什么？"

"大米饭呀！"又是胡说。据内线调查，这个岗楼的士兵，最近伙食越来越差，大伙都有怨言。于是就反驳说："是吗？可是我知道你们的早饭只是稀粥，午饭和晚饭都以黑豆为主，这不是跟马一样吗？"

"混账！你怎么知道的？瞎说！"

"别急，你们的生活会越来越差！"

"因为是在战时！"对方回答。

"是在战时，可是当官儿的又怎样？他们躲在安全处，尽挑好东西享用。太原呀、北京等地的高级将校吃的高级食品是从日本用军用飞机运来的，正因为当官的奢侈享用，咱们当兵的才只能吃黑豆。所以要求增加军饷，改善生活才是正当要求。我们在《士兵要求书》中明确提出：1．要求提高军饷。2．早饭不能光吃稀粥。3．不要光吃掺黑豆米饭。4．慰问袋的数量不能减少……这些基本合理要求必须向上级提出，行使维护自己基本的生活需要。5．……"

"你别胡说了，这些要求怎么能提出？这是军队，军人要服从命令……"对方没等盟员说完就急忙反驳道。

"同样是军队，可是独立混成三旅的吉山中队，全体团结一心提出改善伙食的要求，后来要求全实现了。只要大伙儿团结一心，你们的要求一定会实现。因为士兵是大多数，当官儿的是少数，当官儿敢于作威就是因为士兵们不团结，所以你们只要全体团结一致，一起提出合理要求，一定会成功的！"

"喂，你这家伙真会花言巧语，还真是奇思妙想。"

"不是什么奇思妙想，我说的都是事实，你们应该好好想想。"

"嗯，知道了。我们会的，可是，在这阵子不会实现的。"

"行,那你们就像马一样,天天以黑豆为食吧,真可怜!"

"喂,不要再说了……"

"嗯,今晚就到此为止吧。"

"别呀,再说点什么吧。"

"今晚是第一次来这里与大伙谈话,说太多了有点失礼,现在几点啦?"

"深夜三点啦。"

"是吗,谢谢。太晚了,我们该回去了,再见!"

"回去吧,再见!"在盟员整理电话时,耳机里传来岗楼里士兵们的交谈声:

"喂,那小子为什么来这里?"

"你说这家伙是日本人吗?"

"听他说话的口气肯定是日本人。"

"他可挺会说,也了解我们的实情。"

正在这时,不知从哪个岗楼打来了电话,可能是个当官儿的,大声吼叫着:"你们在说什么呢?那小子说的话,全是胡说八道!能信吗?"

反战同盟成员听了,十分生气,便怒冲冲地吼叫着:"现在训人的官儿是谁?我跟大家都说的是实话,你是谁?报出姓名来?"

"我是一名士兵。"

"胡说,你是当官儿的,你这个混蛋!听你训人的口气就知道！"听到电话的士兵们都笑了起来，那个当官儿的更加恼怒，大声训斥着："混蛋，有什么可笑的！"反战同盟成员趁机大声地说："笑吧，好笑，笑吧，当官儿的成天作威作福，把大伙当牛做马地驱使的就是这些当官儿的家伙。"士兵们又笑起来，那个当官儿的便将电话挂了。

这时，别的岗楼来了电话："小林君，你又来了？"

"刚才那个当官儿的叫什么？"

"我也不知道。"

"他可能是'要镇'分遣队的木村少尉吧。"

"不是，不是。"

"不管他啦，今天太晚了，我们要回去了。"

"真要回去了，小林君，再见吧。"

"再见，晚安。"

这晚发生的事和谈话内容成为附近岗楼里的士兵热议的话题，大家都知道了反战同盟小林的名字和有关他各种各样的传说。日本士兵们甚至盼着小林君打电话来。大伙说："也许小林君今晚会来的吧。"

小林趁着上次电话谈话效果不错的机会，一星期之后又来到另外一个岗楼开始了新一轮谈话。小林在电话中刚刚说了两三句，岗楼里的士兵就听出了小林的声音，很快就说：

"小林君你又来了。"

"嗨，又来了。"

"你辛苦了。"

"辛苦的是你们呀,这一阵子有什么有趣的事吗?"

"有,有的。你在深山里什么也不知道,最近国民党军队袭击了延安,只有你蒙在鼓里,你们没有退路啦,还真是可怜呀!"

这伙子士兵可能是看了日本报纸登的消息或听他们长官的胡说,把7月国共间的磨擦当作了新闻来说。于是,小林就把国共之间磨擦已经协商解决的真相说给他们听,日本报刊只是表达了日本军阀的愿望而已,可是这些士兵们不太相信,说道:"要像你说的那样,就放心啦。"

小林进一步说:"现在,延安非常安全太平。我们每天都能收到延安发来的电报,两个星期前的关于'延安《解放日报》刊登了袭击延安'的传说,完全是造谣。"

听了小林的这些话,这些士兵们有些半信半疑。他们又问:

"8月1日缅甸成立了独立政府你知道吗?"

"当然知道。"

"还是日本了不起呀!"

"胡说,什么日本了不起,应该说是日本政府欺骗人民和你们普通士兵的招数了不起。缅甸的独立,完全是日本军队一手操纵的,就像满洲国和南京汪伪政府一样……"

"小林君,你就是学舌的,八路军怎么说你就怎么说,你就是八路军的宣传员呀。"

一、利用电话和士兵谈话 | 39

"别瞎说，我是真真正正的日本人，说的完全是事实，我刚才说的话没有一句是谎话，如果哪一句是谎话，请你指出来！"

"我呀，小学还未毕业，你刚才说的我也弄不清……"对方理屈词穷地搪塞道。

于是小林一转话题说：

"喂，晋西北日本工农学校成立了，你知道吗？"

"听是听说了，可你们每天做什么呢？"突然，其他士兵们也凑起热闹来。

一个士兵说："我呀，从小就讨厌学校，说点别的吧。"可这时，没等小林回话，另一个士兵突然又说："我对学校之事感兴趣，小林君说说学校吧。"

"不用说，不用说。"士兵之间起了争执，于是小林说："大伙不用吵，这样吧，我先说说学校，然后再说点有趣的事儿。"小林就把日本工农学校的成立，学生每天学习内容、生活方面的事情和如何欢迎日本士兵进入工农学校等说了一遍，岗楼里的电话好像出了点故障，沙沙地有些听不太清，于是士兵们说："听不太清，小林君，你还是换一个电话，以前用的电话就挺好的。"

"别着急，就是原先的电话机呀，稍微等一下。"小林让一旁的电话员赶快检查了一下，没发现什么问题，这时岗楼里的士兵说：

"喂，你们在山里边生活，估计是电池没电了。"

在宝塔山日本工农学校前。左起：秋山良照、吉田太郎、梅田照文（香川孝志）、和田真一（山室繁）、山田一郎（佐藤猛夫）、森健（吉积清）、杉本一夫（前田光繁）。

（1944年　驻延安美军观察组摄）

"不会的，电池有的是，今天刚换了新的，还贴着日本制的标签，这是前些日子战斗中日本军队赠送我们的礼品，哈哈……"

"这小子，说话太刻薄！"

"才不呢，我说的全是事实。"

另一个士兵很认真地说：

"你可能不太知道，电池怕潮气，在夜里受潮更容易跑电，以后你应该用油纸将电池包好，这样才不会跑电。"

这个士兵没有敌视情绪，很亲切地教小林，就像一位友人，小林也就很亲切地说："谢谢！我记住了。"说了不一会儿，电话又出了毛病，电话员忙了一阵儿又好了，小林几次

一、利用电话和士兵谈话

给岗楼里打电话，可是始终无人接听。小林突然灵机一动，他假扮娇滴滴女人的嗓音（他入伍前在学校演出队中曾扮演过女性）。

延安日本工农学校合影（1945年8月）

"莫西莫西……你是若木吗？（若木是这个岗楼电话的代号）"

电话里一阵响动，一个声音说：

"哎，是女人的声音！怪，哪儿打来的？"

"也许是小林那小子带来了女八路吧。"

"不是，听声音是个日本女人。"

"哈哈，是我小林，不是女人，大家失望了吧，其实我是想再与大家聊一会儿，请原谅。"小林将战争的罪恶讲了一遍，电话始终没有挂断。

夜已很深，月亮已渐渐坠入西山，大伙都十分疲劳，小林说："谢谢大家听我说话，太晚了，该回去了，再见吧。"几个士兵一齐说："小林君辛苦了，请再来吧，我们等着哩，再见！"

　　反战同盟的渡边和小林成功地进行了两次电话沟通，这一带日本士兵都知道了八路军中有日本人，是反战同盟晋西北支部，他们主要的工作就是针对日本士兵进行宣传，希望尽早结束战争。因此，上级将校们十分头疼，对士兵的监视更加严格，对他们的训话恐吓更加多了。可是，大多日本士兵对反战同盟的谈话很感兴趣，而且有一些淡淡的亲切感，他们对周围百姓的态度也有了一些改变，有时还对百姓讨好地说："八路军中也有我的朋友，常常给我们打电话……"

　　更有趣的是，第二次谈话后岗楼里日本士兵的伙食有了改善，早餐不光是稀粥了，米饭中也很少掺黑豆了，慰问袋也多了起来，这都是反战同盟打电话和广发传单的结果。夜间的反战同盟电话使日本军队上层十分头疼，而士兵则特高兴。

## 二、谢谢送来慰问袋

### 1．精心制作慰问袋

为了鼓舞前线的士兵，日本军部半强制地让普通日本人民制作慰问袋，里边装着一些食物、生活用品还有鼓励士兵的慰问信以及家乡的照片等等。随着战争陷于泥沼之后，老百姓生活越来越苦，慰问袋的制作就越来越少，里边的东西也越来越糟。"支那事变"初期，往中国战场送的慰问袋相当多，普通士兵一年可以收到8个至12个慰问袋，袋里的物品也相当丰富，有酒、卷烟、点心、罐头等等。每个袋都装得鼓鼓的。可是最近（指1944年）一年中士兵只能收到一个慰问袋，里边的东西更不能与以前相比，就是一点点芝麻盐、干海带，读过的旧杂志、报纸等，从这里可以看出日本国内的人民生活越来越艰苦穷困。这样的慰问袋不但不能鼓舞士气，相反只能使前线的士兵感到悲凉、失望，士气低落。针对这种状况，反战同盟从两三年前就开始制作慰问袋送给周围岗楼里的日本士兵，以便感化他们，加强与他们的联系。就连那些不愿收听反战同盟电话的下级军官也希望得到反战同盟的慰问袋。通过赠送慰问袋的活动，不少日军士兵与反战同盟成员成为朋友。对于通电话、写信、发传单等活动都提供了很多方便。

一般情况下，反战同盟一年制作赠送两三批慰问袋，按照日本人的习惯在新年前后送一回，另一回是日本的盂兰盆节，也就是近似中国的七月十五祭祀死去的祖先之节日，另外有什么需要可临时赠送，反战同盟盟员都是诚心诚意精心制作慰问袋，真是绞尽脑汁。他们要考虑袋内装什么物品才会受到日军士兵的喜爱欢迎；袋的设计画什么图案更能引起士兵们的兴趣和激发其怀念故乡之情；用什么方法才能顺利送到日军士兵们的手中；等等。制作之前，大伙要开会商量，充分听取各种意见找出最好的方案才动手制作。山东方面的反战同盟还将俘虏的日本士兵集中起来直接听取他们的建议。

从1941年开始，反战同盟太行支部就开始了制作和赠送慰问袋的工作。最初袋里装的多为食品，可是岗楼里当官儿的恐吓士兵："千万不能吃，里边有毒药！"针对这种情况，慰问袋里多装日用品、烟卷、扑克牌、象棋等娱乐品，很受士兵的欢迎。反战同盟晋西北支部的慰问袋里有毛巾、手绢等，晋察北支部还制作了日本士兵爱用的背心和兜裆布，因为都是用纯棉布缝制的，士兵非常喜欢使用，在战争年月纯棉布制品可是稀罕物品。刚开始，盟员们在这些物品上印上了"反战同盟""反战口号""反战歌曲"等，可是这些东西都被日军当官儿的没收了，后来他们只在物

二、谢谢送来慰问袋 | 45

品上印点美丽的图案或日本风景画。日本士兵每天使用反战同盟送来的礼品，渐渐地对反战同盟有了好感和感谢的心情。

起初食品呀、酒呀送了去，当官儿的说有毒都没收了。盟员们就想：选一些毒药掺不进去的食品不就行了嘛，他们选了花生、核桃、鸡蛋、大枣等，很受欢迎。晋西北支部给一个岗楼送去一只活鸡，士兵们高兴坏了，正要做鸡汤时，当官儿的来了，一下子把活鸡给拿走了，这小子很坏，他用很巧妙的方法给鸡注入毒药（毒素不是太大，死不了人）。然后，他把这只鸡给了另外起火的伪军，结果伪军士兵都中了毒，上吐下泻……

慰问袋中如果放进了宣传反战的传单，不但会被日军当官儿的没收，而且也会引起普通士兵的警惕。后来反战同盟就只在慰问袋中放入一些思乡歌曲集，厌战的漫画、扑克牌、双六纸牌、明信片等等，士兵们就会永久保存，常常使用，对反战同盟的活动不但不反对而且怀有感激之情。

慰问袋是用纯棉布缝制，封面印着"慰问袋"字样，字的四周印着樱花、富士山等图案，晋察北和太行支部还印上了穿和服的日本美少女图画，很受欢迎。

慰问袋的制作都是由反战同盟中的日本和中国画家合作精心完成的，不过中国画家是在日本盟员指导下完成图画的。因为中国画家不太了解日本人的爱好和生活习惯，有的就把服装场景画错了，在日本盟员的指导下，这些绘画越来越受日本士兵喜爱，容易激起他们思乡厌战的情绪。

为了赶制慰问袋，制作人员加班加点，甚至熬夜。但是大伙都干得特别愉快、起劲，一个个漂亮的慰问袋在他们的亲手制作中完成了。想到送到日军岗楼里能起到尽早结束战争的作用，大伙感到十分自信和喜悦。

下面，我们摘录一段盟员的笔记：

在支部办公室的大桌子上，各种物品堆积如山，在桌子的一头，盟员山川君正整理着刚刚从印刷所取回的慰问袋，一边赞叹着："啊，真漂亮呀！"大家闻声围过来，拿起慰问袋来欣赏。啊，雪白的棉布袋上印着三色的日本风景和穿和服姑娘的背影，在中央用黑色印着"御慰问袋"的醒目字样，大家传看着都爱不释手，这是大家辛苦劳动的结晶呀……

大伙一起动手，把各种食品、日用品装入袋中，一个个鼓鼓的。然后再送到另一个桌子上，由专门检查人员认真检查后封口才算完成。

我不知一共做了多少个，于是就认真地数了数，哎呀，数了一多半时竟有800个！这时敌工部部长走了进来，围着桌子转了一圈，非常高兴地说："同志们辛苦了，干得好呀！"支部长向敌工部部长报告说："今天就会全部完成，明天就可以送出去了。"部长再三说："谢谢！谢谢！"

## 2. 日军士兵是如何接收到慰问袋的

一般情况是：小岗楼送一个慰问袋，大岗楼就送二个至三个。赠送的方法就是八路军武装宣传队在黑夜里亲自送到岗楼附近并告知他们放慰问袋的地方。另一种方法就是通过岗楼送粮食蔬菜的老百姓或"两面村长"。具体情况从晋察北反战同盟一个盟员写的报告中可以明白：

年底一天的傍晚，我和敌工部一位中国战友化装成老百姓向日军岗楼隐蔽靠近，走到一段短墙后面隐蔽起来。透过短墙的缝隙，看到不远处用砖和石头建筑的岗楼。日本兵习惯地称作"望楼"。在苍茫暮色中，矗立的岗楼显得阴森恐怖。在岗楼旁边一个不大的操场上，一小队士兵在练习刺杀，班长站在队伍中间，喊着口令，士兵们大声喊着"杀、杀"拼命练着突刺，不远处有几个老百姓看着操场上练兵的军队。

在距我们隐蔽处不远的一条小路上，一位上了年纪的老百姓挎着好像挺沉的柳条筐，不紧不慢地向岗楼走去。我的同伴告诉我，筐里是我们送的慰问袋。我是第一次参加这样的活动，有些紧张，攥紧的手心里渗出了汗，中国战友看到我紧张的样子说："没关系，别紧张，我早侦察好地形了，如果日本兵真过来，我们迅速向东边的村庄撤退便平安无事了……"听他这么一说，我平静了许多，便全神贯注地盯着渐渐走近岗楼的老人。岗楼四周挖了很深的壕沟，出入口处架了一个简单的木桥，这种桥可以升降，到了黑夜就把桥吊起来，以防八路军游击队袭击。

老人很小心地走过小木桥，来到日本小操场前，对着日军士兵一个劲儿弯腰点头致礼，士兵们看到老人便停止了刺杀练习，向老人围了过来。老人跟他们一边说着什么，并且把筐递给了那个班长，班长从筐里取出了三个慰问袋，他自己先拿了一个，把另外两个给了士兵们，士兵们急忙从慰问袋里掏东西，高兴地又说又笑，那个班长从慰问袋里取出一封信，一下子藏了起来，士兵们看到后便讪笑开来，大伙七手八脚打开了慰问袋。看到手巾、花生、歌曲小册、信等，显得特别高兴。不知哪个士兵说了几句笑话，逗得大家高兴地笑了起来。班长看到不远处几个老百姓在看热闹，于是大声命令士兵们回到岗楼，士兵们拿着慰问袋中的礼物说说笑笑地走了回去。班长也将送慰问袋的老人领进了岗楼。

我看到如此顺利地送到了慰问袋，亲眼看到日军士兵那么高兴的样子，感到十分欣慰。日夜制作慰问袋的辛苦也忘得一干二净。同去的敌工部中国战友说："非常顺利，太好了！"脸上露出满意的笑容。

这时他俩看到一个日本士兵从岗楼出来，向旁边的厕所走去，可是他并未进入厕所而是躲在从岗楼看不见的墙角，从兜里取出一小团纸，细心地把它展开。"啊，是我们的传单！"我几乎忘了自己是在岗楼的近处，轻轻地叫了起来。"是，是我们的传单！"敌工部的同志也兴奋地说。

那个士兵仔细地读着传单，全神贯注的样子，似乎忘记了

二、谢谢送来慰问袋 | 49

周围的一切。天渐渐暗了下来，我们顺利完成任务，已无必要在岗楼这么近处冒险了，于是就撤了。

过了几天，听老百姓说那个偷偷读传单的士兵叫福田，是个二等兵，他在厕所旁边读我们的传单和反战同盟的介绍，竟用了近半个小时。二等兵福田第二天来到村公所找到村长用半生不熟的中国话说："八路军里的日本人是我们的好朋友……我呀，慢慢地也会去找八路的，请你把我的话秘密地转告八路军，而且谢谢昨天送来的慰问袋……"

**以上是晋西北支部盟员的手记，下面再介绍一位山东方面同志的报告：**

这事发生在我们给一个岗楼送了慰问袋之后。一个刚刚吃过饭的小队长在岗楼门口，悠闲地用牙签剔着牙，这时一个老百姓十分小心地向小队长走去，到了跟前很郑重地将一个慰问袋递给小队长，小队长跟老百姓交谈了几句话，知道这个慰问袋是八路军中反战同盟送的，他就把那个老百姓领进了自己的房间后，给那老乡端来一份岗楼里的饭菜，在老乡吃饭之时，小队长从慰问袋里掏出信和宣传单认真读了起来。读过后，他好像有什么心事似的沉默了一会儿后，取出纸和笔给反战同盟写了一封感谢信。然后将信和五元钱递给老百姓，托他把信转送给八路军反战同盟。

另外，山东青龙寺岗楼收到慰问袋后，一个叫和井的伍长打开慰问袋后自己拿了一条丝绸手绢，然后把慰问袋给了士兵们说：

"我就要这块手绢,其余的你们分了吧。"大伙高兴地一边吃柿饼子、花生豆、煮熟的鸡蛋,一边读起了反战同盟的传单和信。

去年春,驻扎在太行山附近的日军独立混成旅第七十五大队的一等兵丸山被俘,送到八路军反战同盟支部后,他说:"有一天,收到了反战同盟送来的慰问袋,大家特别高兴,因为半年多了没收到国内寄来的慰问袋。一个即将满期退役的老兵非常郑重地将反战同盟的传单收藏了起来,有人问他这是为什么,他说:'我要将它带回故乡,在欢迎我的宴会上读给兄弟友人们听听,看看他们对反战同盟是怎样的看法。"

## 3．说谎的小队长

这一阵子收到反战同盟慰问袋的日本士兵十有八九都转来感谢信。感谢信有长有短,最后一句大都写着:"这样好的物品希望以后还送来吧!"晋察北五寨村附近的岗楼士兵写来这样的信,我们摘录如下:

前些天收到珍贵的慰问袋,衷心感谢,知道你们很健康非常高兴,我们也健康。慰问袋中有那么多好吃的食品和珍贵的日用品,大家都十分高兴,以后还请多多赐送为盼,我们也正考虑给你们送一个慰问袋呢……我的字很难看,又不会写文章,想说的很多可是写不出来,真是失礼了,再见。

——五寨分遣队一个士兵　草草(姓名未写)

二、谢谢送来慰问袋

过了不久，这个分遣队真的给我们送来了一个慰问袋，我们也收到了别的岗楼送来的慰问袋，里边装的东西都是我们没有的。比如，日本的饼干、烟卷、砂糖、汽水等。

日本士兵想要什么东西，如酒、花生、鸡蛋等等，他们也会来信提出要求，我们就按他们的要求给他们送去，真像是朋友之间的往来交流一样。

驻扎在晋西北的村田部队的米泽下士给八路军反战同盟来信请求："请不要割断我们的电话线，也别来袭击我们……"我们给他去信说"可以的"，而且还给他送去了白酒和鸡，他非常高兴，很快给我们送来了日本点心和烟卷作为答谢。

有一次这个下士骑马到商业街买东西时，他的马被八路军的游击队给弄走了，这小子十分生气，认为是附近老百姓干的，于是他对老百姓不分青红皂白又踢又打，我们知道这种情况就把马还了回去，还给这个米泽写了一短信："老百姓什么也未干，与他们无关，千万不要欺负殴打老百姓……"过了几天，这个下士郑重地送来一封信，声明自己对老百姓施暴是错误的……没想到这个下士与八路军的书信来往之事让上级知道了，很快把他给调到别的部队去了。

反战同盟给河北丘县一个岗楼送的慰问袋里边有笔记本、手绢、花生、核桃等，还有画着樱花的明信片。据岗楼附近"爱护村"村长说，日本士兵收到慰问袋特别高兴，一个肩章上有三颗星（上等兵）的士兵对村长说："反战同盟朋友大大的好！慰问袋多多地拿来，请多关照……"过了几天，那个岗楼的日军士兵托村长给我们送来了鱼粉、干鱼、栗子、感冒药等，不仅写了物品的目录，还有一封短信："赠呈八路军朋友，略表心意，衷心感谢上次赠送我们的慰问袋——藤村上等兵。"

在晋东南一个岗楼的日军收到反战同盟的慰问袋后，作为回礼给我们送来20斤大米，这可是很珍重的礼品，而且还附有感谢信。

山东有一个岗楼收到我们的慰问袋后，送来感谢信，里边还夹了一块钱。

到了年底，在晋西北一带的日军岗楼都收到了八路军送的慰问袋，只有新南中心岗楼考虑到当官儿的会生气拒绝，所以就没给新南岗楼送。没想到有一天，我们收到新南岗楼的一封用中文写的来信，信文如下：

你们辛苦，我是住在新南大碉堡的，以后好好地指导我。后三天我们的正月，所以你们不能来，你们来的话，一定在我们不休息时。正月是一年一回，我们都休息，所以你们一月一日不能来，我的朋友说东营、南营都有你们的慰问袋送来了。可是我们大碉堡没有收到。为什么不给我们？现在烟卷儿、馒头都是缺乏的东西。快来慰问朋友来吧。岗头警备队长。（字句有些不通，原文如此——译者注）

二、谢谢送来慰问袋

反战同盟收到岗头队长的来信，很快就给新南岗楼送去两个鼓鼓的慰问袋和信件。他们很快就回信写着："收到你们送来的两个慰问袋，实在感谢了，现在很忙，有空儿好好地写信致谢。再见。"

后来，我们给这个岗楼打电话时，先从慰问袋谈起，谈话就很顺利，慰问袋成为联络感情的媒介，谈起话来很融洽。我们将战争的性质、日本军国主义必败、人民必胜的道理讲给他们，慢慢地他们都能接受，这样一来，日军士兵的厌战情绪越来越大。反战同盟的有效活动，成为日本军部上层十分头疼之事，他们千方百计阻止日军士兵与反战同盟接近，从太原发行的《东亚新报》有一篇文章可以看出。

这家新闻社的特约记者，有一天访问了驻扎在岳山附近警备队木村中队长，他们谈话如下：

记者："最近有什么有趣的新鲜事儿吗？"

队长："没什么大的事儿，不过有一件有趣的事儿。"

记者："是什么有趣的事儿？"

队长："八路军在盂兰盆节和正月都给我们送慰问袋。"

记者："是吗？是挺有趣，袋里都有什么东西呢？"

队长："啊，八路军中真有聪明人。他们能用日文写传单而且署的是日本人的名字。袋里还装着各种各样食物，还有花生豆，我们不放心就把花生豆让猫吃了，没想到，猫不一会儿就吐血而死……"

记者："哎呀，真叫吓人。"

赫赫战地新闻（报纸）竟登出这样的记事，真是愚蠢至极。实际上是这个中队长调侃戏弄记者，记者竟当真事给刊登出来。其实，日军士兵对我们发送慰问袋是非常支持和感谢的。

这是发生在晋东南潞城县一个岗楼中的事儿，反战同盟给这个岗楼送去两个慰问袋，士兵们特别高兴，趁着队长不在赶快打开抢着吃里边的好吃的，一边吃一边喊着："香，好吃呀！"吃了一半之后，小队长来了，他大声问："哪儿来的？"士兵们说："反战同盟送来的。"小队长一听大声训斥道："你们这些小子，真胆儿大，这些东西也敢吃？里边一定有毒，你们吃吃看，马上就会死的……"小队长说着，把大伙吃剩的一半抢了过来，赶快回到自己的房间里，吃了起来。

士兵们一边吐着舌头，一边笑得前仰后合说："小队长真会说谎，哈哈哈……"

# 三、喊话

## 1．分遣队长的哭泣

我们反战同盟于1942年11月，对山西省潞安县老顶山岗楼的日军分遣队进行喊话。喊话的盟员大西君原来就曾在这个岗楼里服役。

我们在八路军的掩护下，来到离日军驻扎地不太远的一个村庄，深受日军骚扰的老百姓，看到我们非常高兴，热情地招待我们，拿出最好的食物给我们吃。晚饭后我们与村长等人围坐在一起商议向岗楼"喊话"之事，对隐蔽地点、喊话内容、出现紧急情况时如何应对等等，作出统一的决定。

再三向村长致谢后告别。走出屋子后，天已经黑了下来。走了一会儿来到山脚下一块麦地里，部队停了下来。大家分散开，在田埂下、麦秸儿堆后隐蔽好。这时淡淡的月亮升上了山顶，月光照得掩护部队的枪刺闪闪发光。不远处一个岗楼矗立在高高的山坡上，黑乎乎的在月光下显得格外阴森，这就是日军老顶山岗楼。反战同盟成员大西和一部分掩护队员，悄悄地向岗楼靠近，在一片枣树林里隐蔽好，决定在这里进行喊话。掩护部队迅速各就各位，盟员又猫腰移动到枣林边儿一个小山坡上趴在那一看，岗楼黑森森的就在眼前，真像个魔鬼之塔。侧耳细听可听到岗楼内的动静和大声说笑声，看来士兵们还未就寝。大西开始喊话之前，决定用留声机放一个日本歌曲《烦恼的假发》，曲调非常哀婉、伤感。歌声在黑夜里唱响：

只要有你在我身旁，

牢骚孤独就会忘光……

听到突如其来的歌声，岗楼里的说话声立刻静止下来，大西便开始了喊话：

"喂——战友们，我是跟大家在一起服役的大西呀，川田上等兵还好吧！山城上等兵还在吗？"

刚刚安静下来的士兵们，立刻热闹了起来。

"哎——是大西吗？"一个士兵大声喊着。

"是呀，是我，大西，大西哟！"大西立即回答。

"什么，真是大西？我们情报员说，你被八路军俘虏后，每天以泪洗面，天天哭着在痛苦地活着。"

"没这回事儿，真会编造谎言。在战斗中我负了伤，是八路军救护了我，把我送到战地医院，受到无微不至的治疗和看护，八路军的首长还常常轮流着到医院看望、慰问我，伤势很快就好了。什么情报员暗探说的情况，完全是弥天大谎！八路军很尊重人、很有人情味，是一支很好的部队。我今晚来就是想和大家聊一聊这事儿,希望大家耐心地听听!"

"啊,听声音,真是大西君!"

"真的,是真的大西,哈——哈——哈,我的声音你们应该记得吧?"

紧接着,大西就把自己如何负伤,如何被八路军救治,如今生活工作等情况都一一道来。岗楼里的士兵们连一声咳嗽都没有,只是静静地听完。

突然一个士兵大声地说:

"大西,你好好听着,队长有话说!"

"大西!我一定给你家写信,把你的情况转告他们,请安心呀!"小队长一边流泪,一边大声地说。

"谢谢,谢谢!"大西激动地说,接着又将八路军、反战同盟的事情说了一遍之后说:

"战友们,今夜太晚了,我要回去了,打扰大家了,真对不起,过几天再来,一定带慰问袋送给大伙儿。"

士兵们都从窗口探出身来大声地喊:"大西,大西,一路平安,还来呀!"

"知道了,一定会来的,再见!再见!"

这次喊话十分成功。后来听说,那一晚士兵们听了大西的喊话之后,聚集在一起,一边喝酒一边议论大西谈话的事情。大家都十分伤心,他们谈起在家乡的父母兄弟姐妹、爱妻和自己年幼的孩子以及为什么远离家乡来这里战斗拼杀。大西的出现,使他们又惊又喜,大西在八路军中的生活和待遇，使他们明白了上级宣传八路军是"匪贼"的谎话。这个小队的队长与大西是同乡，而且还是小学同学，当兵又在一个部队，日夜在一起亲如手足。说起大西，小队长泪流满面，泣不成声……

反战同盟的喊话活动进行得很顺利，大家虽然十分辛苦，但效果不错。因此，日本军部非常恼怒，下令：反战同盟来喊话，一律不准听，要马上开枪！如果擅自听喊话，一定严惩！还说什么被捕的日本兵在八路军的胁迫下，带着八路军来攻打岗楼，一定要注意，一定要把吊桥拉起来，等等。

可是，反战同盟成员的喊话活动却受到日本士兵的热烈欢迎。去年5月，山西省武乡县一个岗楼的士兵们高兴地相告："反战同盟慰问团来了！"不用说，不但没开枪还拍手欢迎，反战同盟成员还给他们唱了流行歌曲，赠送了慰问袋。分别时，他们大声说："我们非常寂寞，你们常常来呀！"

还有一个岗楼，为了感谢反战同盟成员的访问，还送了一台留声机和歌曲唱碟。

还有，去年春天，我们反战同盟成员去河北省赞皇县一个日军岗楼喊话，第二天分遣队队长对村里的老百姓说："昨天八路军，我的朋友大大地来，他们的说话大大地明白。"后来这个分遣队队长换防调回了中队之后，中队里的士兵都知道了八路军"喊话"的事情。结果这个分遣队队长

三、喊话 | 59

受到了中队长的处分，可是大多数士兵都十分同情分遣队长，一股反中队长的情绪高涨了起来。

## 2．深夜口琴声

沉沉的黑夜，反战同盟和掩护部队，静悄悄地走过一条结了冰的小河，他们来到距日军岗楼100米左右的地方。黑乎乎的岗楼就在眼前，盟员中西君很敏捷地活动到前方一个土丘后伏下身来。另一位盟员也像中西一样，紧跟着跳到土丘后。这里距岗楼也就是30米至40米的距离，岗楼黑洞洞的枪眼口透出了红黄的灯光，岗楼顶上的哨兵来回走动的脚步声都可以听到，这时中西看了一下表，正好晚9点。

一切准备就绪，中西和另一位盟员吹起了口琴，悠扬的口琴声划破了夜空，吹奏的歌曲是日本名歌《荒城之月》，随着口琴声的飘扬，岗楼顶部人影增加了起来，一、二、三、四，四个士兵。

"喂，听到口琴声了吗？"与中西同来的盟员大声问。

"听到了，你是哪里？"一个士兵大声问。

"噢，我是前些日子给你们送慰问袋的朋友，收到慰问袋了吗？"

"啊！是反战同盟！谢谢，收到了，今晚又来干什么呀？"

"添麻烦了，临近正月了，快过年了，我们特地来慰问大家的，大家辛苦了，有什么变化吗？"

"没什么变化，可是你们来这里，给我们找事儿，上级知道了要挨罚的呀！"

那位盟员想，今晚是第一次来这里喊话，不知岗楼里士兵们态度如何，还是摸摸底儿，再谈政治性问题吧。于是他大声说：

"说什么找事儿？我们来，一不是来袭击你们，二不会给你们找什么麻烦事儿。我们就是想跟大家聊聊天、说说话。慰问袋怎么样，还可以吧？"

"不错，不错。今后还请送来吧！"

"知道了，一定会送来，马上快过年了，准备得怎么样啦？我们可是忙着准备过年的事儿呢，忙着蒸年糕，制作日本式点心和饭菜。而且还排练戏剧，准备在新年之时演出……"

"喂，真会吹牛，你们在山沟沟里什么也没有吧！"

"你说错了，山沟沟里什么都有，不信的话，过年时你们来看看、玩玩，我们一定好好招待……"

士兵们都笑了起来，一个人说：

"开什么玩笑，我们真要去了还能回来？太危险了！"

"有什么危险呢，一年就过一回新年，我们一起愉快地欢度新年，有什么不好呀，来吧！"

另一个士兵说：

"喂，外边多冷呀，怎么样，来我们岗楼来吧，喝着热茶说说话多好，来吧，来吧！"这显然是对邀请他们来过年

三、喊话 | 61

的挑战。

"谢谢邀请,今夜太晚了,下次吧。今天是初次访问,就不打扰了,怎么样,给你们再吹一首歌吧。"

"好呀,吹吧!"

于是中西盟员吹了一曲《故乡的破房屋》。

月亮已经升到中天,岗楼顶上士兵们一动不动地静静听着,他们的心已经飞回故乡,飞到亲人身旁。

3．月夜欢歌

这是一名叫山下的反战同盟成员的记录:

1942年9月,我们对河北省南宫县一带的日军,独立混成第一〇〇旅进行"喊话"活动。

我们把各种准备工作做好之后,八路军李队长说了一声"可以"。队长又向我(反战同盟盟员)招了招手,我马上走过来,队长说:"可以开始了。"于是我便轻声对着岗楼喊:"喂,谁在那儿?"

岗楼的哨兵可能正思念故乡的亲人呢,听到这突如其来的声音,十分惊慌,大声地问:"喂,哪一个?"

"我是山下。"

"你过来!"

"不,这儿就挺好!"

"你到底是谁呀?"

"反战同盟!"

"什么?"

"快起床!有敌情!"突然另一个声音大声嚷嚷起来。

"你是谁?"

"对不起,惊起了你们,不用怕,我这里是反战同盟,听到了吗?"

"干什么?"

"我们从八路军根据地来的,在这美好明亮的月夜里,想跟大家聊聊天、说说话。"

这时岗楼里乱糟糟的,一个人喊:"有敌人袭击,架轻机枪,快,快。"

看这种紧张情况,有可能向我们开枪。于是盟员赶快喊道:"喂,想干什么呀?太不像话啦!"

岗楼里,一人大声地威吓着:

"你信不!一会儿手榴弹、炮弹让你吃个饱!"

"哈——哈——哈——谢谢!但是稍有风吹草动,你们就惊慌失措、乱成一团,这还不让八路军笑话吗!不要害怕,我们今天来不是跟你们打仗的,是趁着明亮美丽的月夜,跟大家说说心里话的。"

这时岗楼里显得很安静,一会儿像是一个当官儿的大声喊着:

"有什么话可说的?我们皇军跟你这类国贼叛徒无话可说!"

"国贼?为什么说我们是国贼?笑话!"

"把枪口对着天皇，不是国贼是什么，嗯？"

"嗨——天皇？天皇是什么货？"

"天皇就是神！"

"天皇也是人，他要是神，他应该了解战争给人民带来的苦难，了解日军是如何残杀无辜的中国人民，了解士兵在岗楼里是如何孤独、担惊受怕地生活。其实他完全不了解，要真正了解就应该下令停止战争。他这个神是军阀、大官僚、大资本家造出来的！"

"八格牙路！天皇是我们最高统帅！"一个士兵大喊大叫。

"是我们最高、最亲密、最崇高的父亲！"另一个士兵补充说。

"噢，好呀！那么我问问你们，如果天皇是国民最亲密的父亲，那么为什么从他的子孙——日本国民那里，每年榨取450万日元作为皇室经费呢？而且是天皇亲自签署的太平洋战争宣战布告，才开始了这场罪恶的战争，陷他的子民于水深火热之中呢？要说天皇是国民的父亲，那也是恶鬼一样的父亲……"

"你说这大不敬的胡话！国贼！叛徒！"

岗楼里的士兵十分愤慨，照这样会越吵越凶，我们是来干什么的，不是来吵架的。想到这里，我便转了话题：

"这样的话题我们不说了。战友们，我们都是军人吧？在这美丽的夜晚，我们彼此说说怀念故乡的话题好吗？我们入伍不久，也是这样一个月色明亮的夜晚，登船扬帆开往中国。记得我们当官儿的说什么'我们是为了去解放中国人民进行的正义战争'，'是为了大东亚共荣圈而战'，等等。战友们，可是我们来到这里看见的是什么呢？什么'正义''圣战'，完全是胡说八道！我们把无辜百姓的家烧了个片瓦不留；东西全部抢光；不管老人、小孩、女人都遭到残杀。战友们，这能叫'正义'吗？这就叫'圣战'吗？"

岗楼里的士兵们都沉默不语，我继续说：

"好好想想吧！世界上真理只有一个，就是从我们自己的角度看待这场战争，它都不是什么正义的战争。战友们，我们应选择正确的道路才对呀！只有选择了正确的道路往前走，才算是有胆识、有骨气、真正的日本人！八路军和反战同盟不是你们的敌人，而是关心你们真正的朋友。战友们，能理解吗？"

岗楼里的士兵们还是一言不发。待了一会儿，一个士兵说：

"听你的声音，还很年轻，多大啦？"

"我呀，24岁，跟你一样20岁就被强迫入伍的。"

"在什么地方，学到这么多道理？"

"在八路军根据地学习的。"

"八路军和共产党是一回事吗？"

"不，不是一回事。八路军是军队，自从日军侵略中国开始，八路军就是为了国家、为了人民与日军作战的军队。

三、喊话 | 65

共产党是政党,是领导和指挥八路军的政党。在日本也有共产党,他们的目的是一致的。就是解放被压迫、被欺诈的劳苦大众的,共产党是中国最先反对日军侵略的政党。知道了吧!"

"你说得太繁琐,还是不大明白。"

我想详细解释,恐怕这些榆木疙瘩脑袋也不会痛快接受。于是说:

"如果详细地说吧,还需要很长时间。这样吧,过些天给你们送些好书来,仔细读一读就会明白的,要认真读才成。"

"嗯,那倒不错,送来吧。"

"一定,怎么样,我给大家唱一首歌好吧?"

"好呀,唱吧,唱吧!"大家高兴地叫了起来。

于是,我便清清嗓子,唱开了思念故乡的歌曲来:

我那故乡的老屋,

早已歪歪斜斜下雨就漏,

春天呀为什么姗姗来迟,

爱妻幼子是那么悲凉孤独……

因为有些激动,我一边唱一边流泪……唱完了,我说:

"今晚嗓子不舒服,又说了很多话,唱得不好,请原谅。怎么样,也请你们唱一首吧!"

"好呀,我来唱一曲吧!"一个年轻的士兵痛快地说完,唱了起来,歌声很嘹亮又哀怨:

月亮像一面明镜，

映着你美丽的面影，

深夜凝视明月之时

怀念之情像波涛滚滚……

这个士兵唱完后大声地说：

"我唱得不好，请原谅。"岗楼里的士兵们都笑了起来。

"啊，唱得很棒，谢谢！太晚了，我们该回去了，给大家添麻烦了……"

"先别走，等一下。有八路军掩护部队吗？"

"当然有啦！"

"不要动！"刚说完，岗楼里的士兵，叭——叭——叭开起枪来。

枪声一响，八路军一位刘班长跑过来问："李队长，怎么样，打吗？"李队长向我征求意见，我说："千万不能开枪！日本士兵并不是瞄准我们认真地打。"这时刘班长也说："队长，日军的子弹都是射向天空的，是假打。"

这样的开枪事儿，在别的岗楼里也常常发生。因为与反战同盟说了那么多话之后，都会开枪，但都是朝天放枪。这样，他们就可向上级报告"昨晚我们打退了八路军和反战同盟的挑衅……"如果不这样做，第二天肯定会受到上级军官的处罚。

岗楼的士兵放了一阵儿枪就停止了，我们很悠闲地撤走了。

三、喊话

## 4．春节慰问

1942年春节。

反战同盟冬季前线工作队，对日军三十二师团二一三联队安藤部队在侯集镇的分遣队进行了"喊话"活动。

工作队还带了十多个慰问袋，里面装满了花生、大枣、柿饼等山货。夜晚8点半左右，工作队在月光的照耀下，迅速前进到距离中心岗楼一里地带时，队长指挥掩护部队布置完毕，三名盟员分成两组各带几名护卫战士，悄悄地接近到距岗楼百米内的地方。这里是一块收割后的高粱地，很平坦，不便隐蔽，大家便悄悄地用铁锹挖了隐蔽沟，以防岗楼射击时受伤。又捆扎了一些高粱秆，竖立在旁边的地里，以迷惑敌人。一切准备就绪后，盟员就对着岗楼顶上的流动哨兵开始喊话：

"喂，大家都在吧，我们是为向你们祝贺春节特地赶来的，大家还没睡吧，能听到吗？"

岗楼里一下子乱了，听到了杂乱的脚步声，这个分遣队的安藤少尉队长亲自出现在岗楼上的瞭望台喊道：

"噢依——哨兵报告说你们来了，来的理由也知道了，我安藤今晚决不会向过去的战友开枪，离得远听不清，希望你们靠近一些谈话吧，请放心吧！"

"谢谢！在这儿说话很清楚地能听到，今晚我们双方约定，到最后谁也不准开枪！"

"好，好的！"

"安藤少尉，我们在八路军里工作生活，好久没听到故乡的歌曲了，不管是谁，唱一首最近流行的歌曲好吗？"

"啊，我们可不会唱……我这儿没有一个嗓子好的，我用留声机给你们放送几首如何？"

"很好，要是最近流行的，更好！"

"知道了，在岗楼顶层瞭望台播放。"说着安藤少尉回屋去了。不一会儿，安藤少尉带了五六名士兵来到岗楼顶很响亮地播放开歌曲。

"怎么样，听见了吗？"

"听见了，谢谢！"嘹亮的歌声在夜空中回旋，我们都仰面朝天躺在地上，一边听美妙的歌曲，一边眺望着清澈的月亮在云层中钻来钻去。大约播放了15首歌曲，有抒情怀旧的，也有雄壮的军歌……

这时反战同盟成员说：

"安藤少尉，谢谢啦。我们虽然唱得不好，但作为还礼，还是唱一首反战歌曲吧！"

三个盟员一齐提高嗓门合唱了一首歌曲，岗楼上的士兵们一边拍手一边喊着："好呀，唱得好！再来一首如何？"

音乐联欢会结束后，我们又将日本故乡的正月事情、在八路军中的愉快生活、反战同盟的活动等和士兵们聊了近两个小时，岗楼上的士兵们都静静地听。时间太晚了，盟员于是说：

"今天太晚了,大家辛苦了,想睡觉了吧?我们带来一些土特产食品不太多,就放在这里,明天来取,请大家尝尝,一点心意。我们该回去了,再见!"

"真对不起,谢谢啦!还请再来,我们等着哩!"安藤少尉大声说。

"安藤少尉,战友们,谢谢,再见!"

## 5. 被包围的日军自杀了

1942年7月10日,从山东菏泽出动的一队日军骑兵,被八路军包围遭遇了歼灭战。战斗非常激烈,日军骑兵一个中队被包围在一个小村庄里负隅顽抗等待援军。八路军的康参谋长,把反战同盟成员木下叫来说明情况。木下也想着救助被包围的日军士兵,就要求向他们喊话,让他们投降。参谋长说:"好!加油干吧。"于是木下和旅敌工部的一位科长,上午11点赶到战斗最前线。7月的天,太阳很毒、酷暑难当。

被包围的日军还在顽固地抵抗着,木下盟员冒着弹雨隐蔽地接近日军阵地,也就有100米左右有一个小庙,木下就以这个小庙为据点进行喊话,这时八路军战士按照上级命令已经停止进攻射击。

"噢——日本士兵们,噢——不要打了!"日军突然听到纯正的日本人喊声,一时停止了射击。

"喂——战友们,请停止射击,八路军已经停止射击了,好好听听我说的话。我原来和你们一样,也是日本士兵呀,是你们的战友!请相信我的话,八路军不杀俘虏,你们不要顽抗白白送死!想想我们在故乡的亲人吧,他们不希望你们毫无价值地死去!我保证八路军不会杀你们,请放心地走到我们这里,我是诚心来救助大家的,请不要担心……"

这时,日军军官发出了射击命令,一齐向木下躲身的小庙开火,木下一点也不畏惧,探身大声喊着:"喂,为什么还要打呢?八路军已经停止了射击,你们为什么不停止呢?"日军不听木下的喊话,仍在射击。看来是抱着"玉碎"的决心,做最后的挣扎。木下盟员拼尽全身力气大声地喊:"不管你们怎样顽抗,也是失败,增援部队也来不了!我是日本人,请相信我的话!反战同盟的活动,想必大家都知道吧,八路军不杀俘虏的政策,你们也知道吧。请相信我,赶快过来投降吧!"

僵持到下午 3 点左右,日军军官看到突围无望,便强迫命令士兵将枪口对准自己的胸膛或脑袋。木下看到眼前就要发生自杀惨景,拼命大喊着:"喂,为什么要自杀呢?我保证八路军优待俘虏,我保证!"木下一边喊着,一边奋不顾身地向日军阵地跑去。就在距日军阵地 20 多米处,日军一个班长向木下投了手榴弹,手榴弹在木下身边近处爆炸了,瞬间木下的右臂被炸伤,鲜血直流,但他仍不顾一切地冲入

三、喊话

日军阵地。正在此时，士兵们在当官儿的胁迫下，一个接一个自杀，一边还凄惨地叫着妻子和儿女的名字。

战斗结束了。八路军打扫战场，卫生员即刻对数十名重伤日军士兵进行紧急救护。木下盟员虽然英勇地奋不顾身想挽救日军士兵的性命，但还是没有成功，他感到十分遗憾。

# 四、书信往来

## 1. 真柄中队长认输了

一天，冀鲁豫反战同盟支部，收到日军松本大队长的来信。

反战同盟成员诸位：

在你们的组织中，也有我们松本部队的士兵吧，我们部队长官对你们的生命安全特别担心。你们的家属也三番五次给部队长来信，打听你们的近况。为此部队长也十分烦闷头疼，我想你们是被八路军欺骗，所以才参加了他们的组织，想必你们生活得很痛苦吧。你们过去的战友，故乡的亲人，都惦念你们，每天以泪洗面；可是你们现在却把枪口对准了你们的长官、战友、亲兄弟，这样做的结果，你们的亲人知道后是多么痛心、多么悲伤……请你们再好好思考一下，部队长也不想让你们做出无价值的牺牲，期盼你们早日回到部队来……

独混第一旅团七十五大队　松本大佐

以上是松本的亲笔信，这是至今为止收到的唯一一封大佐一级的诱降信。为什么松本大队长会写这封信呢？原来这个部队是去年 5 月调到清丰县城驻扎，担任县城周围的警备任务。冀鲁豫反战同盟支部对这支部队的情况十分了解，成员的姓名、出生地都调查得一清二楚。为了联络感情，首先是给他们寄信，然后就送慰问袋、给他们打电话、散发传单等等。士兵们接到反战同盟的来信很高兴，非常感兴趣。而且也有不少人写了回信，信中还提出了很多疑问让解答，反战同盟成员都——作答，这样他们很信任盟员。此后，在战斗中遇到生命危险之时，他们就大胆地跑到八路军这里来。这样一来，这个松本大队竟有十名士兵成为反战同盟的成员，大队长也受到上级的臭骂。因此，松本大队长再也沉不住气，慌了手脚，动用了一切手段想阻止士兵投降，甚至动用特务给反战同盟送去恐吓信，还制造了关于反战同盟如何如何坏的谣言，在部队内散发。可是不论做什么小动作，丝毫无效果。因此，才有了上面松本大队长的亲笔信。

收到松本大队长的信后，同盟支部成员召集原松本大队的反战同盟成员开会，讨论对策，最后决定给松本写一封回信：

松本殿下：

我们没有忘记战友和兄弟，至今我们还是怀念和爱他们的，为了尽早结束这场悲惨的战争，我们才下了毫不动摇的决心！

请你放心，我们现在在八路军里愉快地生活和工作着。回忆过去在部队中，成天挨耳光，过着地狱般的生活，谁也不愿意回去的，我们直至战争结束，都要一直在八路军中生活，特此奉告。

八路军内旧七十五大队士兵一同

**没想到松本大队长收到信后，又来了一封信：**

……最近，我们要进行扫荡战，我不想让大家白白送死，请你们回心转意，尽快回到部队吧。我会在清丰县城欢迎大家。请你们归队，不只是我部队长一个人之意，也是同乡的亲兄弟之热望……

来信中几次提到什么同乡亲兄弟，其实"亲兄弟"早已被八路军俘虏，而部队却把战死通知书送到了故乡亲人手里。什么"亲兄弟之热望"等等，完全是弥天大谎。

在反战同盟没有给松本大队长回信后，这个顽固的松本竟然给八路军冀鲁豫第二纵队杨司令来了一封信：

小官对杨司令提出一个希望，阁下是军人，我也是军人。看在都是军人的份上，一定听听我的诉求，小官的部下被阁下保护了生命安全，并知道在贵部幸福地生活着，小官代表他们的家属向您致谢。小官和他们家属都希望阁下将他们送回我部队，为了军人的情面，恳请您海量，实现小官之恳求。

松本大佐

杨勇司令员收到松本大队长的信后，迅速召集从松本大队投降过来的士兵商量，把松本的信念了一遍。没想到士兵都大骂松本"八格牙路……"

于是杨司令也回了松本一信：

我已与你的旧部下会谈了，把他们的意见传达给你，他们说就是死也不会回到旧部队了！如果你想直接与他们谈话的话，可以直接来与他们会面谈话，我们提供一切便利，并保证你的安全。

杨司令

杨司令这封信制止住了松本的捣乱之后，松本再也没来信了。他的面子丢尽了，只好让真柄中队长登场。因为真柄中队长经常虐待打骂士兵，大家都称他是魔鬼中队长，他写来了这样一封信：

……松本大队长，日夜思念着大家的，常常悲痛地流泪……你们大家是担心回来的话，肯定受到处分吧？请大家放心，我也向大家保证，大队长绝不会伤害亲爱的部下，请放心地归来吧！

真柄中队长

这封中队长的信，在盟员中传看后，一个盟员说："魔鬼的眼泪！"大家哄堂大笑。过了几天，同盟支部发出了同前回一样的拒绝信。于是真柄中队长露出了魔鬼本性，写了一封威胁信来：

你们这些坏小子记住，不论你们在皇军警备队地区，或是别的地方，你们只有死路一条，我一定挥舞军刀，把你们的脑袋砍飞，叛徒！国贼！

对这样的恐吓信，我们反战同盟工作队立即作出了回信：

谢谢恐吓来信，但是你别妄想，我们的头不会被你简单地砍掉！我们深知反战活动很危险，但是你肯定知晓，我们背后有强大的八路军在保护我们，还请你自己要小心点儿……

这之后不久，10月的一天，八路军部队对真柄中队进行了攻击。这次战斗反战同盟派出以水野靖夫支部长为首的五名盟员参加，并由李营长指派一个带轻机枪的班来掩护盟员活动。五名盟员与八路军战士并肩战斗，斗志昂扬奋勇杀敌。打到傍晚，天已黑了下来，李营长带着部队猛冲猛打，真柄中队弃掉岗楼逃跑。八路军一直追到距岗楼十几里地的样子，盟员将宣传单送给部队的班长，让他们在前线散发。

这时，李营长对参战的盟员说："日本同志，今晚夜袭战斗相当激烈，我们尽可能活捉真柄中队长，部队配合你们工作，加油干吧……"

过了不久，李营长带领部队行进到日军据守的村庄大约300米的一块凹地，战士们都趴在地上隐蔽好身体，李营长看了表，正好是晚上9点30分。周围很静，地里偶尔听见一些不知名虫子的鸣叫声。

突然一声嘹亮的军号声在夜空中吹响，这是进军的号声。听到号声，李营长一声高喊："冲呀！"部队像离弦之箭一样，从凹地里跃出，向前冲锋，盟员们也随着部队冲了上去。激烈的枪炮声震耳欲聋，手榴弹在阵地前爆炸，炮弹也在敌阵地炸开了花。八路军部队一片喊杀声惊天动地。日军被打得晕头转向、不知所措。李营长带队冲进日军据守的村庄，沿着狭窄的街道进击，日军的射击也很激烈。一会儿传令兵从前面跑来向李营长报告："部队已经接近敌军中队部，日军正在村北一个据点顽固地抵抗……"听到报告，李营长转脸向反战同盟的支部长说："坏了，真柄中队长可能逃跑了！快，你快去旁边的屋里，赶快写一封劝降信。"水野支部长说："好的，立即照办。"支部长很快进入旁边的民居，家里有一盏小小的油灯亮着，家里的老乡因为突然的战斗，被吓得缩在炕角里。支部长借着小灯光，迅速取出早已准备好的笔纸写了起来。为了夜里看得清楚，字写得挺大，他这样写道：

真柄中队长！你的军刀多会儿来砍我们的头呢？我们一直在等着哩，等来等去也不见你来。可是今晚，我们来看望你来啦！可是你不争气，却像老鼠一样溜之大吉！到处找不到你，非常遗憾！不过我们还会来的，你一定不会逃脱！

反战同盟冀鲁豫支部长　水野

水野支部长迅速写成这封信后，拿着它跑到八路军轻机枪队前面，向真柄中队本部方向前进。日军中队本部附近还有残兵在抵抗，支部长勇敢地向日军本部接近。他跑到日军据点的门前，用钉子将给真柄的信钉在了门上，其他盟员也迅速将传单、报纸等散了出去。就在盟员们积极地活动之时，村北头的战斗还在激烈地进行中，困兽犹斗的日军连续向夜空中发射了求援的信号弹。这时李营长的传令兵来到水野支部长前传令说："在敌人增援部队到来之前，我们决定撤退！"

这次战斗之后的第三日，真柄中队长给反战同盟支部又送来了一封信：

……最近，我们要进行大扫荡战，到那时在战场上见吧！先通知你们一下，并转告八路军……

这次战斗之后不久，在一次夜袭战中真柄中队长被打死，十几名士兵为他举行了慰灵祭奠，反战同盟支部还写了一篇很有讽刺意味的祭文送去,自然真柄什么回应也没有了,什么"大扫荡"自然也就告吹了。后来真柄中队一名士兵给反战同盟支部送来一封信,信上说:"真柄中队长临死之前,用微弱的声音说:'彻底败在了八路军反战同盟手下,真丢人,我算服了,再也不想干了……'"

## 2."牛骨"充"遗骨"

如上一节所述,我们的工作重点并不是与日军当官儿的书信来往,更重要的工作是针对普通士兵们的书信往来。但是这事儿常常受到当官儿的和宪兵、特务等的阻挠、侦察和破坏。为此,我们也不得不给这些人写信。

最近反战同盟与日军士兵的通信,不论在什么地方都已广泛地开展。比如,冀南反战同盟支部给日军士兵去信,有一半的士兵写了回信。这应该说是很不错了,可是这些书信,有一半是宪兵、特务写来的,内容尽是谩骂我们,或是宣传军国主义思想的,或者是传递一些假情报,等等。有些士兵的来信,只是收到慰问袋后的感谢信之类。我们给他们的信内容较多,如日本军队内部生活日益恶化,对士兵实行殴打,当官儿的做了哪些坏事儿,等等,中心意思是鼓动士兵们的反抗精神和厌战情绪。日军士兵收到这些信之后,在内部起到什么作用,有什么效果,我们将另行叙述(请参阅《宣传工作座谈会》一文)。在此只举两三个例子。

　　这事发生在武清县。在这一带担任警备任务的日军独混一旅团七十五大队的士兵前田,在战斗中被八路军俘虏之后,日军以前田"战死的名誉"开了追悼会,并把"遗骨"送回了前田故乡。反战同盟将这事告诉了前田,他听后十分气愤。于是给他原部队的战友们写信:"……我现在好好地活着,在反战同盟里愉快地生活着,中队长之流说我战死,完全是谎话!"这样的信写了40多封,士兵们收到前田的来信都很气愤,大家议论纷纷、互相传阅,很快全大队的士兵都知道了这事儿:前田战死完全是胡说,他在八路军中工作着呢,以后不能信部队长的谎话了……

　　实际上,给前田故乡送去的遗骨是牛骨头……真相大白之后,中队长十分狼狈懊恼。后来,他通过维持会长向前田传话:"请前田回到部队,一定保证你生命安全,如果八路军提出要钱或弹药等完全可以!"自然前田不会答应中队长的请求,而且继续给原部队旧战友写信,揭露中队长的阴谋。

　　同样的事,在日军三十六师团二二三联队也发生过:这个部队一个叫福岛的士兵,也被当作战死者,将"遗骨"送回了故乡。福岛也像前田一样给原部队战友们写了不少揭露当官儿的谎话的信。这样一来,部队长官们威信便一落千丈……

四、书信往来 | 81

## 3. 请吃吧，没有毒

我们给日军士兵们的信，除了上述内容外，一般多为逢年过节的慰问信，以及送慰问袋时附的信，他们的回信也就比较简单。下面举例说明：

今天，收到来信一封，还有一只鸡，衷心感谢！因为今天有事，先简单回此信。

秋山伍长

下面是一个叫吉冈伍长半文半白的来信：

恭贺新年：

新春即将来临，致以节日祝贺，并顺祝健康。你们与我们正处在战事之中，可我们要成为镰仓武士，所以怀着武士的情怀嘱咐：在这严寒的冬天，请特别保重身体，以后在战场相见吧。

吉冈伍长

赠送慰问袋等礼品，互相往来的感谢信，言语有礼、诚心相待，起到了信任和联络感情的作用。如下一封信：

八路军反战同盟诸位：昭和十八年（1943年）新春来临，

贵军将士越来越健康，军务繁忙，我们衷心敬贺，感谢贵方来信问候，托你们之福，我们也是顺利安康，谢谢！前些天，收到贵军和贵同盟寄来的慰问品和贺卡，真是感谢。

我们全体都特别高兴，我们这里也没有什么好东西送你们，只送去一点点薄礼，略表心意，敬请笑纳。最后祝大家身体健康。

奥山队一同

**除这封信外，还送来药、酒、干鱼等食物，托老百姓送到了反战同盟冀南支部。**

**冀中支部还收到了这样一封信：**

……前些天，收到贵重的慰问袋，十分感谢！请诸位保重贵体，今年也望加油工作，我们也很健康，请放心。请向大家代问好。送去一缸梅干，没有放毒，请放心品尝，有空儿还请来信，再见！

土屋上等兵

如上所记，日本士兵和反战同盟的书信往来、互赠礼品之事，越来越多，这样做的结果，他们还会不惜生命跟八路军拼死一战吗？

四、书信往来 | 83

4. 通过邮局送信

　　一般日本士兵给反战同盟回信，都十分担心害怕，一旦让当官儿的发现，便会受到严厉处罚。所以，他们给反战同盟去信，是相当冒险之事，没有一定的决心和勇气，是不敢贸然行事的。因此，他们必须担着风险，设法躲过当官儿的和宪兵的监视，才将信送出去。所以，用什么方法才能把信顺利送到反战同盟手上，真是相当困难之事。他们开动脑筋，想出了各种各样的送信方法，比如山东的日军是这么干的：

　　在丽山附近有一个不大的日军岗楼，反战同盟给他们发出四五封信，可是一封回信也未收到，有点担心和奇怪。一般情况下接到信一定会很快回信的。于是反战同盟就给这个岗楼打电话询问，接电话的是一个小队长，他非常郑重热情地说：前些天收到贵方来信后，我们立刻写了回信，放在了邮电局，还没有收到吗？就是那个叫丽山的邮局……

　　我们赶快派敌工部的人去丽山邮局取回了他们的信，信是这样写的：

　　谢谢多次来信，我们在山沟里多有不便，还望海量，你们来信所述之事，都很正确。但是，目前的环境状况下，想干的事儿一时也难办成，还望等待机会来临之时，祝大家身体健康！

山中上等兵

这个山中上等兵是这个岗楼里思想最进步的一位，队长对他也信任，随着通信日益增加，他们来信的内容也越来越深刻。

5．我的思想是八路军的思想

随着通信的频繁往来，日军士兵对反战同盟的活动，理解、同情、共鸣的情感越来越明显。

在磁武县执行警备任务的日军独混第一旅团的一个岗楼的士兵给反战同盟太行支部送来如下的信件：

前些天，收到贵方来信，谢谢！我们都很健康，请不要惦念。你们为了既定目的，正在拼命地工作着，加油吧，祝健康……

也有的士兵给反战同盟来信请求帮助他解决烦恼之事。冀南支队收到过这样一封信：

我已经在这毫无意义的战场上，度过了五年无聊寂寞的日子。读了你们的来信，慢慢懂了不少道理。可是对于一些事情还是不太明了……战争如果结束了，中国的土地以及其他等，可以借给日本人吗？关于这一点，你们是如何考虑的，请来信示教。

今天就到此为止，再见！

四、书信往来 | 85

从来信中可以看出，这个士兵很厌倦和诅咒战争，不知如何解脱，较长时期在中国生活习惯了，战后也想继续在中国生活，不知是否可以。对此，他很烦恼。

反战同盟冀南支部研究了这封来信，决定给他写一封使他能够理解、接受的信：

……中国人民一定要把日本侵略者赶出去的，但是热爱和平、勤劳诚实的普通日本人民是受欢迎的，必要时可以租借给他们土地的，并提供方便。

接到复信的士兵，很快回了一封信，信中提到，他一定为早日结束战争而努力！

贺刘镇岗楼的上等兵村冈，收到晋西北反战同盟支部给他的信和同盟编印的书刊后，很快回信：

……前些日子，谢谢送来的信和书刊，可是对于我，这些书有点难懂。我们想要一看就明白的教材书。《战友》报，如果还有，请将1期到17期的给我寄来吧，添麻烦了，我在愉快地期待着，再见！

贺刘营村冈上等兵

我们很快给村冈上等兵送去了他希望得到的《战友》报和其他书刊，他也很快来了信，十分感谢我们。可是这件事被当官儿的发现了,很快把他调到别处去了。

反战同盟冀南支部与日军独混第八旅团第四大队的一位叫森山的班长,进行了较长时间通信,结果是他愿意与盟员见面。盟员到了指定地点,可是等了半天没见森山来,不知是哪儿出了错。后来我们很快接到了森山的来信:

你们好,很高兴地等着与您见面,可是没有见成,十分遗憾。现在我将日本报纸和信,托老百姓捎给你们,等待回音,盼告知下次会面的时间。现在是一月数九寒天,你们日夜辛勤地工作着,太辛苦了,代问工作队诸君好,并请多多关照。

森山班长

老乡把森山的信和我们想要的最近日本报纸给支部送来了……有一天,反战同盟冀南支部收到日军独混第六旅团第二大队村井上等兵的一封信:

反战同盟诸位,你们辛苦了。我是一名日本士兵,我的シソウ(思想,笔者译)和八路军的思想一样,我想和你们会日语的人说话,八路军的人也许对我有怀疑,请相信我,千万放心,请将回音告知这个给你们送信的人。

村井上等兵,可能是看到过反战同盟的宣传资料,或是其他士兵收到的信件。他的文化程度可能较低,因此从来信中看到,他不会汉字的"思想"二字,信也写得简略。冀南支部很重视村井的来信,便多次与他通信,知道他是工人出身,思想进步很快,让我们看看他最近的来信吧:

谢谢来信,真想和你们见一次面,我并不是想引诱欺骗你们,请放心,能到丰福村的附近一家餐馆见面吗?如果不行的话,请你们指定一个场所,可别太远了,十三日的傍晚可以吗?把决定让老百姓告诉我。

支部立即把能与他会面的决定让老百姓传达给他,支部的盟员在指定的日子,去了他说的地方,可是等了半天村井没有来,后来才知道丰福村有上丰福和下丰福,我们盟员去的是上丰福,而村井则去的是下丰福,错过了会面的机会。

后来,这个村井决定投奔八路,在他逃跑途中被日本宪兵逮捕了……

## 6．信与尸体一起送回

一次战斗中,两名日本士兵战死,还有一名受了重伤,反战同盟冀鲁豫支部决定将他们送回原部队。于是很认真地将尸体洗干净,穿好原来的军装,把个人的物品都放在身边;对于重伤员给了精心的救护治疗,把他们放在一辆牛车上,让老百姓一直送到日军中队部。而且将一封信亲手交给了日军中队长，信中写着：

……现将森兵长二人尸体和一名伤员送还你部，在与我军战斗中，三名士兵很勇敢地战斗到最后，二死一伤。我方本计划为他二人开个追悼会，可由于战况紧张未能进行，十分遗憾。现送回贵方，希望郑重埋葬为盼，对于重伤员，我们已尽力救治，但陷于医疗条件，治愈很困难，希望你们能挽救他的生命，尽力尽力……

只用了三四个小时，老百姓拿着吉本中队长的亲笔信，返回八路军驻地。看来写信人十分紧迫，用的是陆军军用信笺，红色圆珠笔很潦草地写着：

刘司令及反战同盟诸位：
　　小官已收到贵方的来信，及三名部下，对阁下和诸位深厚的人道主义之情，发自内心感谢！小官对他们的家属也有个交代，并将战斗情况转告家属，家属一定欣慰并也感谢贵方，再说一声谢谢！

吉本中队长

作为谢礼，我们送给赶牛车的老乡十元钱。这事发生后不久，又收到吉本中队长一封信：

……前些天，真是谢谢，深深地感谢！

阁下及反战同盟诸位有什么困难吗？如果有，请不必客气，一定提出来，只要在我的权力范围内能做到的，一定奉命照办！把回答信让这位送信的老百姓捎回来。托别的老百姓也可以，绝不会逮捕伤害他们。请诸位保重身体，今后也请多多来信……

反战同盟支部一直与这个部队的士兵保持通信，这件事发生后，通信更多了起来，亲近感也进一步加强了。可是过了一阵儿，突然之间通信联络一下子中断了。后来得到情报，才知道这个中队前不久调到"满洲"去了。我们相信，不管到什么地方，那个中队一定会常常想起那件事的……因为它充分表现了八路军和反战同盟深厚的人情人道精神，八路军是一支仁义之旅，他们一定会将这件事向"满洲"同僚们说的……

### 7．鹿岛一等兵参加了反战同盟

反战同盟晋西北支部的海田盟员与日军黄山岗楼鹿岛一等兵经过十几回书信往来，两人关系已经很亲近，可以说无话不谈。在这互相敌对的战场上，两军互为敌人的状况下，这真是新鲜事儿。这也可以看出日军内部的涣散、腐败已很严重，离彻底失败之日已经不远了。

这个叫鹿岛的一等兵，现年二十五六岁，入伍前在国内兵工厂是一名学徒工，被征入伍来到中国华北地区已经有四个年头了，调到黄山岗楼也已一年有余。他在岗楼里担任炊事工作，因为购买食品蔬菜等，跟中国人打交道的机会就比较多。而且与岗楼附近一家的女儿谈上了恋爱，他的中国话虽然说得不好，但二人却能很好地沟通。这样一来，首先他对中国人有了好感，放弃了那种看不起中国人的民族歧视感，是不是受到这个姑娘的影响，我们不太清楚。但是有一天八路军反战同盟支部收到他的一封信，大意是想与懂日语的八路军通信。同盟支部收到他的信，研究决定让盟员海田与他建立通信关系。经过一段时间通信，知道了他虽然文化程度不高，但是是一个很善良诚实的人，也知道他原是一名工人，所以我方敌工部部长决定让海田盟员与鹿岛一等兵直接见面。

　　海田对敌工部部长说，一定很好完成任务。然后将会面的时间地点通知了鹿岛。

　　为了安全，在约定的出发日，八路军一个班远远地保护着海田向会面地点前进，途中遇到点儿别的事儿，海田比预定的时间晚了一些。等他到了，只见鹿岛一等兵跟他谈对象姑娘的弟弟，在树林子里焦急地坐在草丛中。鹿岛戴着战斗帽，穿着白衬衣，脚上穿着一双布鞋，猛一看，一下子看不出是日本兵还是伪军。海田急忙向鹿岛走过来说："是鹿岛君吧？"鹿岛一下子立正敬了一个军礼说："嗨，我是鹿岛！"一看这样子，海田就对他已十分信任了。

二人一边吃着海田带来的花生豆，一边像老朋友一样地聊了起来。鹿岛话不多，是个很内向的人，这次特别的会面，只是想了解一下，鹿岛是个什么样的人。所以，海田并未多谈政治方面的问题。鹿岛也如实地将日本国内和部队内的情况说了一遍。他突然说："不想在日军中干了，想投奔八路军，如果投奔了八路军能干什么？……"海田想，鹿岛对于八路军和反战同盟好像还不是十分了解。于是海田就把八路军和反战同盟的性质、活动又简要地向鹿岛说了一遍。最后，鹿岛又把附近日军的动向说了一些，让八路军方面提高警惕，日军可能要出动……这次会面用了近一个小时，顺利结束。临别时，鹿岛对海田说："这次见面很高兴，今后还想见面。"然后拉着他对象小弟弟的手，很轻松地走了，看那样子就像是到附近去买东西一样自然。这可是冒着生命危险的会面呀！他那么轻松自在的样子，让海田十分感动。也许鹿岛是想，如果真有危险的话，就跑到八路军方面去吧。

自从鹿岛与海田见面会谈后，二人的关系就更亲密起来，来往书信也多了起来。他还常给海田送日军动向的情报，这些情报大部分十分正确。海田给他的信中渐渐谈了政治问题，战争本质问题，早日结束战争的必要和可能。由于鹿岛是工人出身，所以他很快地理解了，同意海田的看法。过了几个月，鹿岛向海田提出第二次见面的请求，海田立即给他回信约定时间、地点。最后还写道："请加入我们的反战同盟吧，好好考虑一下。"

第二次见面也十分顺利，这次鹿岛一等兵是穿着军服骑着马来的。到了约定地点，鹿岛飞身下马后，很郑重地立正向海田敬礼。

这次会见，谈话内容自然都是政治方面的，较上次见面，鹿岛的话也多了起来，而且思想有了很大进步，他还提出希望尽早地加入反战同盟。可是海田向他传达了上级的意思：希望他继续留在日军部队中，可以为八路军和反战同盟提供情报。最后，他因为文化程度不高，请海田为他写参加反战同盟的申请书。于是海田取出纸为他代写了如下申请书。

### 加入申请书

反战同盟晋西北支部：我自愿加入反战同盟，请上级批准。加入后一定严格遵守同盟的规章制度，我发誓为了实现同盟的目的，奋勇献身！

昭和十九年五月十日

申请书按照鹿岛的口述很快写好，鹿岛用不太漂亮的字体亲自署上了"独混三旅团山下大队中野中队鹿岛雄次一等兵"的签名。

# 五、宣传工作座谈会

## 1．士兵要求书

主办：日本人民解放联盟华北地方协议会宣传部
场所：延安日本工农学校
时间：1944 年 3 月
出席会议代表：

冀中支部、太行支部、冀南支部、冀鲁豫支部、晋察冀支部、宣传部委员。

宣传部委员讲话：

今日会议内容是，讨论关于反战同盟在前线如何进一步对日军士兵做好宣传工作、日本士兵有什么反应等问题，希望各支部代表，结合实际情况发表见解，请多多关照。

据宣传部粗略统计，去年一年在华北各地一共印刷发出的传单、

延安月夜
（殷占堂绘）

报纸、介绍文书有 200 多万件。这个数据要说也不算多，内容方面比前两年丰富了很多，首先请大家就内容问题发言吧。

　　**晋察冀支部代表：** 我们支部宣传品的内容，是根据1942年夏天在延安召开的"士兵大会"和"反战同盟会"所决定的方针而制定书写的。根据那次大会的方针，我们宣传品的内容，有了很大的转变，大会制定的《士兵要求书》成为我们宣传的基本内容。当然我们根据不同部队进行了详细地调查，这个部队的士兵们最感不平、不满、气愤的事是什么，他们最迫切的要求又是什么。我们有针对性地制作了十分切合实际的宣传品，特别强调只要士兵们团结一心顽强地与上级抗争，一定会达到要求，一定会成功。正因为我们宣传的内容十分实际，又符合士兵真实情况和要求，所以效果十分显著。

延安日本工农学校

委员：关于《士兵要求书》的各种反应，谁来讲讲？

太行支部代表：去年春天，在山西第一军参谋部当勤务兵的一名士兵，看到我们发的《士兵要求书》（以下简称《要求书》），他兴奋地对其他战友们说："太棒了，如果按《要求书》上写的内容有十分之一实现了，我们也就高兴坏了……"他将《要求书》保存好，在当官儿的看不见的地方反复阅读。根据这种情况，我们将《要求书》又增印了不少，只针对各级当官儿的发送。日军如果发现士兵读《要求书》就会施以重罚。在山西省伪军第一师团本部当翻译的中国伪军被发现看《要求书》，日军把他打了个半死。

晋西北代表：我们把《要求书》设法送到日军军部，他们像挨了一颗炸弹一样惊慌失措。可是一般士兵收到《要求

部分日本工农学校学员合影
（1944年，驻延安美军观察组摄）

书》却异常高兴，互相转告。认为说出了他们的心里话。日军军部千方百计设法抵制《要求书》，甚至在去年7月，把伪军集合起来开了一个什么"新生八路军士兵代表大会"，伪造了一个所谓的《要求书》，简直是个滑稽剧。

## 2．请多多送来吧

委员：下面请说说《要求书》以外宣传品的情况。

太行支部代表：我们支部根据日本传统风俗，每年春节、夏天的盂兰盆节都制作了贺卡和署中慰问卡给士兵们送去。去年夏天山西日军混独第一旅团第七十五大队一个岗楼的士兵们收到我们送去的署中慰问卡特别高兴。他们说："这样一来，就可以与八路军联系上了。"这两年没有收到从日本寄来的贺年卡和署中慰问卡，倒是能收到八路军反战同盟寄来的，十分欣慰。原因是日本由于战争，经济面临崩溃边缘，物资严重不足，什么都实行配给制，自然纸张也十分奇缺，另外运输也不易，所以停止寄送贺年卡之类的东西。因此，日军士兵在收到贺卡之后来信说，请以后多多寄来，谢谢！

委员：我们的报纸日本士兵们读吗？

太行支部代表：日本士兵对日本报纸已不太感兴趣，很懒得看，可是他们非常喜欢读我们的小报。去年3月，驻在山西潞安地区第三十六师团的一个下士，收到我们编的《同胞新闻》，非常有兴趣地阅读了，他用生硬的中国话跟给他送报的老乡说:"你的八路军的我的大大的有,这个的多多的要。"

冀鲁豫支部代表:太行支部代表说的事,在我们那里也有,我们委托老乡,拿着我们编的《晓の战友》送到一个岗楼里,那里的士兵们一抢而光。一个士兵对老乡说:"你的多多的好,多多地拿来吧!"这些士兵们把拿到我们的报纸当作最快乐的事了,他们还把报纸互相传阅,有时还贴在宿舍的墙上。

太行支部代表:我们还把传单、宣传册等系统地发送,一期也不缺。这样他们就会更深刻细致地领会宣传内容和理解我们。日军第三十六师团山炮联队的一名士兵,在行军休息时,一边说着"觉醒一下",一边拿出我们的宣传册读了起来,没想到其他士兵都围过来抢着要读。没法子,他只好将小册子分成两份,让大家阅读。可见士兵们多么欢迎我们的宣传册。

冀鲁豫支部代表:在我们那有一个日军岗楼里,收到不少我们的宣传册和传单等。有一天,中队巡察官要来检查,岗楼里士兵事前知道了这个消息,于是赶紧把墙上贴的宣传品以及床上的小册子统统藏了起来。巡察官来到后,把大家集合起来说:"最近八路军利用日本人中那些国贼制作了不少煽动人心的宣传册和传单,就像这个一样。"说着,他举起手里的反战同盟传单,继续说:"你们这里想必也收到啦,怎么样?如实交代!"

岗楼里的小队长一脸严肃地回答:"嗨依,我们这里像那样的东西,一回也没有收到过!"听了队长的回答,巡察官很满意地说:"好啊,如果你们一旦收到了,一定按照三十二师团的命令，绝对不能阅读，尽快全部上交到师团部，知道了吗？"小队长立正大声说："嗨依，知道了，如果收到那种物品立即送到本部去！"巡察官很满意地走了，他刚出门不一会儿，大家都笑了起来，而且你一句我一句骂开了："八格牙路，来干什么？真讨厌！"

"想搜查？嗯，等你小子临死前，想看什么就给你看！""人家的新闻纸、宣传册里写的都是实话，都是好话呀！"士兵们很快又把我们的报纸、传单等贴在了墙上。这些事我们是听那个岗楼里一个士兵说的。

晋察冀支部代表：

我想换一个话题谈谈，山西省阳泉有一个日本人开的土木建筑公司，那公司里一位叫荻野的职员，他的妻子与岗楼里士兵关系不错，她经常出入那个岗楼。士兵们把我们编印的报纸、宣传册送给了她一些，她就拿回了家，她又把宣传册给了公司的人们。这样一来，我们的宣传品就在日本居留民中传了开来，成为阳泉日本居留民中的一大新闻，互相传阅、谈论。从这件事看来，我们的宣传对象不仅仅对准士兵们，也应该对准日本居留民……

## 3．日军岗楼上飘起了鲤鱼旗帜

委员：除了用印刷品做宣传，现在还有什么方式吗？

太行支部代表：我们对各地的活动进行了调查，真是多种多样、效果显著。比如我们那里，把"日本人民的指导者，冈野进（野坂参三）同志，已到达延安！"这样的标语用特大号的字写在布上，做成竖立的标语，夜间竖立在岗楼近处士兵一眼就能看到的地方。天一亮，岗楼上的士兵很快就看到了，都高声大叫："好的，好的！"而且把那个标语布取了回去。

晋西北支部代表：

我们支部也做过不少立着的标语、旗帜。比如，在七八尺长的木板上用大字写着："不要给我们吃黑豆！"我们还编了歌词写在标语板上：

"当官的在哪里呀？在繁华的都市。

我们在哪里呀？在穷山僻壤。

啊啊——嗨哟哟——

早饭只有稀粥，

午饭尽是黑豆。

肚子饿得这么扁，

怎么去战斗。

啊啊——嗨哟哟——"

我们在夜里把这样的标语木板立在岗楼附近，第二天一个士兵看到了，一边笑着一边把它拿到岗楼里，士兵们便一边拍手一边唱了起来。我们的反战歌很快传唱到别的岗楼里去了。

太行支部代表：我们支部去年5月在传统的男孩子节

时，制作了几个很大的鲤鱼旗帜，在鲤鱼肚子上用大字写着："禁止打耳光！""别让我们吃黑豆！"等。5月4日夜晚，我们隐蔽到岗楼附近，把鲤鱼旗帜挂在了树上，第二天一早士兵们看到鲤鱼旗帜迎风飘扬，都高兴地欢呼起来，从岗楼上下来一个年轻的士兵，很麻利地爬上树，把鲤鱼旗帜摘了下来，拿回岗楼正不知如何办时，有人提议把它插在岗楼顶上更好。于是他们很快将鲤鱼旗帜插在了岗楼顶上，鲜艳的鲤鱼旗帜迎风飘动，让大家想起了在国内的小孩，又能看到鲤鱼肚子上的"士兵要求"，可谓一举两得。

晋西北支部代表：在去年9月一次战斗中，日军的四名士兵尸体被遗弃了，其余的部队为了保命都急慌慌逃走了。打扫战场的八路军和反战同盟成员，很认真地把四名日军尸体给埋葬了，还立了墓碑，墓碑上写着：

"山本曹长和三名士兵之墓"

——昭和十八年九月一日战死

八路军

日本人反战同盟晋西北支部　建立

过了十几天，一队日本士兵路过这里，发现了这个墓碑，大家十分感动，感激八路军和反战同盟，不像当官儿的宣传的那样坏，从这一墓碑可以看到八路军的人情味儿，我们立墓碑时并未想到宣传作用，可是实际上起到了很好的宣传作用。

## 4．在墙上书写标语

委员：现在墙上书写标语的情况如何？

晋察冀支部代表：在墙上写标语之事，虽然写了，但是妨碍也不少，日军当官儿的一旦发现就叫士兵给涂抹掉，如果在老乡家的墙上写标语，日军就连人家房子都烧掉……

冀鲁豫支部代表：在我们那里发生了一件有趣的事儿，说起来可能长一点儿，还是请耐心听一下。我们在一家地主的砖墙上写了"家里亲人等着你们回来呢！"的大标语，而且旁边还画了一幅彩色漫画：士兵的父母正向神跪拜，盼望儿子平安归来，还把儿子的照片和供饭、茶水摆在一起，祈祷儿子平安。那幅画是八路军宣传队的画家画的，非常形象生动。在这村附近驻扎的日军第三十二师团二一〇联队，有一天，这个部队在这家地主院附近建立了一个岗楼，小队长带着分遣队来到这里，他们看到了地主院墙上的标语和漫画，竟然呆呆地看着不动了，还真是受了感动，士兵们看到此画都想起了故乡的亲人，联想到自身朝不保夕的生活，很是悲伤。分遣队小队长问老百姓："这是谁画的？"老百姓说："这是八路军里你们的朋友画的，这一带你们的朋友很多！"小队长愣了一小会儿，突然对士兵们说："我们的家人真是每天盼望着我们平安回家呀！"后来中队长又一再命令小队长把那画抹掉，可是小队长口头上说嗨依，实际上就是不执行。

5．当官儿的卑鄙伎俩

委员：在墙上写标语、画漫画效果很不错，我们的反战活动十分活跃，士兵们也很欢迎，对他们影响也相当大。日本军队上层却十分头疼，实施了破坏，方法也是多种多样。这方面的情况，请大家谈谈吧。

太行支部代表：在我们那一带，军部的头头想办法不让士兵们看到我们出版的宣传品，日军第三十三联队的一个岗楼，小队长把我们印的《士兵要求书》都烧了。而且对读过《要求书》的士兵进行了处罚，可是士兵们还是在继续秘密地传看我们的传单。最近在平汉线方面日本居留民中也在传阅，对此军部散布谣言说："在八路军中的日本人都是精神病患者。"可是士兵和居留民都不信日军部的谣言，他们说："这么好的文章，精神病患者能写出来吗？"大家都当笑话了。有一个中队长对士兵训话："你们看八路军的传单我知道，可是一定要想到他们写的那些事不是真的。如果你认为是真的，那不就败给八路军啦？"可是士兵们不信他的话，都认为文章写的是真实的事。

冀南支部代表：在我们那儿平安县一个村驻有日军中队，一天说是接到了敌情，清晨他们就出动了，到了不远的一个村庄附近，看到田地里有很多人走过的脚印，他们一下子看见在附近有捆着的反战同盟标语牌，便大喊："啊，宣传牌！"队伍骚动了起来。队长派一个士兵去取广告牌，没想到那个士兵刚解开捆绑的绳子，轰一下炸开了，是地雷！那个士兵满身是血地倒了下去，受了重伤。其他士兵要赶紧过去救那个伤兵，可是队长一声吼叫，制止了他们，大声说："你们看到了吗？这就是反战同盟那伙国贼干的好事！看看是多么的残酷呀！你们一打开传单牌便会有此结果。所以以后千万不要随便接近国贼制作的宣传广告牌，懂了吗？"其实，这事儿是队长的阴谋，他派一个特务事先做了手脚……

代表们异口同声地说："真是下流，做这种坏事！"

委员：受了伤的士兵真是有点可怜。不过不管日军部如何破坏捣乱，大家还是要千方百计做好宣传活动。

6．实现《士兵要求书》的要求

晋察冀支部代表：军队上层千方百计想破坏我们的宣传工作，不过士兵们都不信那一套，照旧阅读我们的传单、报纸，并与我们产生了共鸣。有这样的事：在石家庄井陉站驻守的黑田中队长是个特别坏的家伙，他对附近百姓残害得很厉害，对部下也是随便暴打，老百姓都说他是魔鬼，士兵们说他是蛇蝎。针对这种情况，我们在传单和《战友》报上揭露了黑田的恶行，并写了抗议文章。后来我们给一个岗楼里打电话，询问他们对此事的反应，一个士兵说："啊，反战同盟朋友，你们干得好！我们都特别高兴，反战同盟说的都是实际情况,太好了,大伙儿谢谢你们!"

晋西北支部代表:跟晋西北一样的事儿,在我们这里也有过。日军独混三旅团下属的一个部队,生活特别差。对此,我们用传单、广告牌、电话各种方法提出改善士兵的生活待遇,还写了向部队长抗议的文章,没想到很快就见到了效果。比如,慰问袋从前年12月至今一个也没收到,我们在抗议文中曾提到,结果十几天后,慰问袋就给士兵们送来了。再比如:《士兵要求书》中提到,早饭光是喝粥,肚子饿得咕咕直叫,没劲儿出动……一星期后,早餐的粥改成了米饭,中午饭米中的黑豆也没有了。对此,我们做过仔细调查,士兵们的生活确实大有改善,他们特别高兴。都说:多亏了反战同盟……

委员:在晋西北的日本军队中,反战同盟的声望相当高,盟员小林君更是有名。

晋西北代表小林:有名不敢说,不过我要给岗楼里打电话,士兵们都熟悉我的声音,立即说:"啊,小林君,又来了,谢谢!"

## 7.士兵们的斗志越来越高

委员:由于我们的宣传,各部队士兵自己也起来抗争、斗争,关于这方面谁来说说。

冀中支部代表:在现阶段,士兵们有关政治方面的斗争还不是很多，主要是在生活和待遇方面的斗争较多。而且斗争的方法也是各种各样。比如：有这样的事，在独混八旅团山崎中队，生活用品老是不发。经调查原来是山崎中队长给贪污了，正好士兵们拿到了我们印发的传单："生活用品必须按时发到士兵手里！"他们一看传单，情绪十分激昂，大家协商如何揭露中队长的丑行。带头的是上等兵中山君，他们决定第一步去找大队长口头告状，第二步中山上等兵将中队长平时的各种劣迹写成报告送给大队长。大队长看后十分震惊，如果隐蔽不处理，士兵们肯定更气愤闹事。于是他把中队长叫来狠狠批评他：再不要贪污了。从那以后，中队长真的改了，如数下发了物品。

太行支部代表：去年我们印制了"停止打耳光"的传单，给日军独混一旅团、三旅团、四旅团等都散发了。每天挨耳光的新兵，看到这种传单，增加了很大的斗争勇气。但是新兵们要想集体联合起来行动非常困难，于是他们各自用不同的办法向当官儿的提出了抗议。有的在人人都去的厕所墙上贴出了传单，还有的故意大声地谈论挨耳光之事等。这样一来，各旅团抗议打耳光的活动就互相传开，范围扩大了。这事儿各旅团司令部都知道了，感到十分狼狈，于是向下属部队发出了停止打耳光的命令。这样一来，打耳光的事比以前少了许多，所以新兵们对反战同盟的感激之情油然而生。

委员：集体行动的例子有吗？

太行支部代表：有，去年8月的事。发生在三十六师团某部。他们看了我们印制的"停止连续执勤！"的传单，士兵们都说："对呀，就应该这样！"于是大家商量抗争方法，他们推选了一位有文化的上等兵去跟上级商谈。他很有勇气地去找了中队长，提出了大家的要求。中队长看到理直气壮的上等兵便收了抗议文。不久便废除了连续执勤的做法，这样一来，士兵们对我们反战同盟十分感谢，关系也亲密起来。

晋察冀支部代表：我们那里也有跟太行支部类似的情况。去年5月，针对独混四旅团士兵们的伙食非常不好的情况，我们散发了"让我们吃饱米饭！"的传单，士兵们决定抗争，选出四名代表与上级去交涉，当官儿的一看，是四人代表了全体士兵的意愿，没敢发怒，很惊慌地接收了抗议书。于是，从第二天起，便增加了伙食量。可是过了十几天，伙食又恢复到以前吃不饱的状况，于是士兵们又派出代表去与上级交涉。结果第二天就又增加了饭量。可是过了数日，又减少了。大家十分气愤，于是决定发起集体行动，代表又去找当官儿的（管伙食的准尉）理论交涉：你再玩这一套，我们就游行！气愤的代表们说要打那个准尉，准尉赶紧对掌管伙食的人进行了调查，才发现他将粮食贪污变了现钱，于是对那家伙进行了处罚。从此，这个中队的士兵能吃饱了。通过集体斗争，士兵们胜利了……

委员：像三十六师团和独混四旅团这样，士兵们受到我们宣传启发的影响，士兵们能选出代表与上级抗争，有组织有计划地斗争，过去是没有的，从这里可以看到士兵集体斗争的行为发展到了一个新阶段。

## 8．开色情酒馆的大叔

委员：八路军俘虏了日军士兵，根据他们自己的意愿，要求回原部队的，我们都送了回去。这样一来就活生生地宣传了八路军的俘虏政策，关于这方面有什么有趣的事例吗？

冀南支部代表：有一次战斗，一个叫冈田的少尉被我们俘虏了，我们诚心热情地对待他，并向他详细介绍了八路军、反战同盟的性质，看样子他很理解。可是他说考虑到家乡的亲人只有他一个依靠，强烈要求放他回到原部队。我们决定遵照他的请求，放他回去。临走之前，他流着眼泪说："你们的深情厚谊我至死也不能忘记。"边说边和我们紧紧地握手，然后骑上马，几次回头挥手，恋恋不舍地走了。回到部队他对部下说："八路军、反战同盟绝对不是土匪，是有人情讲仁义的优秀部队，今后如果我们俘虏了八路军，一定不要杀害、侮辱！"

委员：像这样的事，各地都有，还有没有另外的例子？

冀南支部代表：有啊，我们在山东省临清县的一次战斗中，俘虏了一家叫古野的居留民夫妇，二人开了一个小酒馆。这个古野大叔在日本国内劳动了30多年。战争开始后，他想到中国实现发财梦，就来到了山东，结果干什么都不顺，夫妇俩就开了小酒馆。我们给他讲了有关战争、军阀压迫人民，发动侵略战争的实质。他可能由于出身普通劳动阶层，很容易理解，表示赞同反战同盟的活动。于是我们就暂时把他俩保护起来，好吃好喝招待他们。有一天，突然发生了战斗，在慌乱中古野心爱的怀表不知丢到哪里了，他很痛心，八路军就送给不少的钱让他有机会再买一块，他感动得直掉眼泪。局势安定后，他俩就回家又开起了酒馆，重开后的酒馆起了变化，如果日军当官儿的来了，他就把价格提高了，而且对他们挺冷淡的；可是普通士兵来了，价格就便宜许多。有人问他这是为什么，他说："我这是以牙还牙，当官儿的钱多，而且有不少是来路不正，我不宰他们宰谁呀？"这个古野大叔还向普通士兵宣传我们反战同盟的事情，说八路军如何仁义，日本军阀、财阀如何如何坏。没想到不久，他被宪兵逮捕了，没多少天竟给枪毙了，真是遗憾。

## 9．上等兵岛田

太行支部代表：在我们那儿，有这样一个例子，去年5月独混第四旅团某个中队，接到命令向太行山南部出动。由于兵员不足，心慌意乱的中队长就想把刚刚从医院出来的老兵冈兵长和杉山上等兵叫上参加战斗。可是这两个人还是未完全康复的伤兵，身体十分虚弱，就请求让他俩留下不去参加战斗。可是中队长不允许，还说："正好行军途中散散心多好呀！"俩人只好跟着出发了。部队在太行山山路上行进，道路险峻，行李又重，两个老兵背着行李走，很困难，就让抓来的民夫为他俩背着。中队长看见了，心里十分生气，晚上到了一个村庄宿营之前，中队长把部队集合起来，又把两个病歪歪的老兵叫到队前，大声训斥："看你们那狼狈相，哪有一点军人的精神和意志，这样娇气还能打仗吗？真给我们中队丢脸！"两个老兵听了中队长的责骂，脸都气青了，嘴也歪了……中队长训完话，部队解散后，各自回到住宿处。两个老兵最后才进入房间，不一会儿趁大家不注意之时，冈兵长一个人来到街里，手里拿着装满子弹的枪，同宿舍的上等兵岛田看到了冈兵长的举动，便悄悄地追了出来，抓住冈的胳膊说："冈，你要干什么？"冈一边甩胳膊一边气愤地说："中队长这个混蛋，太过分了，我非杀了他不可！"岛田着急地说："你要杀了那家伙，你也是死刑！"冈兵长气愤地说："知道是死刑，就是死也比平白无故受侮辱强，快放开我。"岛田上等兵沉住气说："好吧，咱俩是好战友，如果你决定要干，那好，我和你一起干吧！"冈兵长说："那不行，一人做事一人当，绝不能牵连你……"岛田于是和冈说了好多道理，岛田虽然是普通一兵，但平时对谁都挺仗义，又懂很多道理。所以士兵们对他都十分信任和尊敬，甚至胜过小队长和中队长。岛田终于说服了冈，于是二人回到了宿舍，一同受到中队长臭骂的上等兵杉山知道了这件事，也十分气愤地说要去杀中队长，岛田拉住他说:"要说受中队长侮辱,我与你俩感同身受,为什么把我排除在外呢!"三个人异口同声地说:那我们三个一起干吧!

他们决定杀中队长之前,先跟中队长谈判。岛田说,我领头干。于是他们三个人拿着两个老战友装满子弹的枪向中队长的宿舍走去,其他士兵看到这个样子,他们也拿着枪,稍远地跟在后面。三个人来到中队长宿舍前,岛田一边啪啪用力敲着他的门,一边大声说:有急事报告,快开门!中队长听出了是岛田的声音,便很和气地说:"进来吧。"门开了,中队长一下子明白了,并不是单单报告什么事来的。他心里有些慌乱,脸色都变青了,但还是强装镇定地说:"啊,坐吧。有什么事吗?"这时岛田愤怒地瞪着中队长责问道:"中队长,现在冈兵长和杉山上等兵想死,而且要先杀中队长,所以他们俩跑了出来,我好不容易才劝住他们。在部队出发时,中队长说什么来着?俩人有病,行军散散心不更好吗。结果如何?你在士兵面前那样侮辱两位老兵,我看不惯非人道的做法。我也想与两位老战友一起去死!中队长,你看怎么办?"三个人把中队长围了起来,这时中队长脸色更难看了,身体也有点颤动,他已无路可退。于是向三个老兵羞愧地低下了头,道歉说:"是我不好,向你们致歉,明天开始俩人的行李就让民夫背吧,你们慢慢跟着走就可以了。但是枪还是自己拿着吧。这样可以吧……"三个老兵得意扬扬地回到了自己的住处。

第二天部队继续行军，两个带病老兵只扛着枪跟在队伍后边，一边悠悠地吹着口哨，一边轻松地走着……

委员：换一个话题，一旦我们把俘虏放了回去有没有什么问题，有什么关系吗？

太行支部代表：我接着说，实际上这个有勇有谋的岛田上等兵，就是我们放回去的俘虏兵。他是一次战斗中被我八路军俘虏的，那时他负伤很重，我们用尽了一切方法抢救他，他从心里感激我们。他入伍前是一个穷苦修鞋匠的儿子，对我们和他讲的道理理解很快很深，但是他要求我们放他回原部队。在他的伤还未痊愈的状况下，我们将他放了回去。他原想自己负了重伤，而且又回来了，肯定会受到中队长的表扬。没想到中队长十分生气，把他叫来训斥了一顿说："你小子当了俘虏，还恬不知耻地回来，真不要脸！为什么不像个堂堂的日本军人去自杀呢？没别的可说，现在就自杀吧！"说着把手枪递给了岛田，岛田走近几步气愤地说："中队长，我不是怕死让八路军俘虏的，我也勇敢地战斗了，但是负了重伤。可是，把我扔下不管的是谁？还不是你中队长吗！我绝对不会自杀！"中队长一看被激怒的岛田，这事就草草地结束了。从那以后，上等兵岛田一喝酒就骂中队长，可是岛田对士兵战友却是十分亲切关照。为了士兵的利益，他总是第一个带头站出来去抗争，岛田的事是听后来我们俘虏的一名同一中队士兵说的。

## 10．立刻转移

委员：对我们的反战活动，各种各样有趣的例子很多很多，都说完太长了，今天就先说到这里吧。不过，有一件事儿得说一说，八路军和反战同盟的性质，日军士兵们渐渐明白了。最近自发投降的事件也增加了，至今在前线已俘虏了100多名士兵，其中逃跑和自动投降人数的比例，1942年只有1.8%，去年（1943年）增加到4.8%。从这些数字看出，日本士兵厌战、反战情绪渐渐在增长。因此，我们的任务仍很艰巨，一定更加努力才成。最近，不仅是自动投降有所增加，而且将日军内部情报偷偷地告诉我们的士兵也有增加。就这事儿，请谁举个实例说说吧。

冀中支部代表：让我说说，这事儿是我们在天津附近活动时发生的。我们对一个岗楼进行了多次宣传，然后与这个岗楼里的士兵关系融洽起来，我们送去慰问袋，也收到他们的礼物。有一天，我们和他们通电话时，接电话的是中村上等兵，他知道是反战同盟的来电，停了一会儿，一言未发把电话挂了。我们有点想不通，不知为什么，数日后突然收到一封信：

前些天收到新的传单和慰问袋，十分感谢！还有接到来电，我什么也未说就挂了，十分失礼，向你们致歉！接电话时有当官儿的在近处，所以无法说话，请谅解。今天有一件急事告诉你们，我们接到了命令，最近两三天之内，要对这一带进行大扫荡，请你们尽快转移别处去。尽快！尽快！

福叶队　中村上等兵

接到这封信，我们与八路军一支队迅速转移。第三天，日军气势汹汹开始大"扫荡"。可是他们就连一只狗也没找到，我们早已转移到安全地点，毫发未损，这全凭我们宣传工作做得好，今后更要努力。

委员：好，今天座谈会到此结束。

# 附录

## 日本人反战同盟简记

殷占堂

抗日战争时期，日军俘虏经八路军耐心细致教育，认清了侵略战争的本质，看到了日军实行"三光"政策给中国人民带来的深重苦难，他们经过痛苦的思想转变，决心组织起来反对战争、呼唤和平。"反战同盟"是为尽快结束侵略战争而积极活动的一支特殊部队，在抗日战争中起到了特殊的作用。

当然"反战同盟"的诞生是与八路军制定的俘虏政策、中共领导人对待俘虏的正确指导方针分不开的。

1937年10月25日，毛泽东在《和英国记者贝特兰的谈话》中指出："我们仍然把被俘的日本士兵和某些被迫作战的下级干部给以宽大待遇，不加侮辱，不施责骂，向他们说明两国人民利益的一致，释放他们回去。有些不愿回去的，可在八路军服务。将来抗日战场上如果出现'国际纵队'，他们即可加入这个军队，手执武器反对日本帝国主义。"

1937年10月，八路军总司令部以朱德、彭德怀的名义发布关于对日军俘虏政策的命令：对于被我俘虏之日军，不许杀掉，并须优待之；对于自动过来者，务须确保其生命之安全；在火线上负伤者，应依阶级友爱医治之；愿归故乡者，应给路费。这样详细、正确、充满人道主义的俘虏政策体现了八路军的英明伟大。

　　第一个反战组织是以第一个参加八路军的日本俘虏杉本一夫（实名：前田光繁，在抗战中加入反战同盟的人都起假名字，怕牵连日本国内的家人）为首于1939年11月7日成立的，起初命名为"めさしい联盟"，因为"めさしい"在中文里是叫醒的意思，有些被动之意，后经协商改为"觉醒联盟"，"自觉醒悟"比"叫醒"更有主动性。

　　笔者在翻译野坂参三先生《为和平而战》时给野坂先生的女儿野坂米子去信，一是请她写一个出版同意书，二是希望她为本书出版写一点关于其父在延安工作之事。她已85岁。她在回信中说："最好让前田光繁先生写，他与我父亲在延安时一起工作过。"我原想是让前田先生写，给他家里去信也未回信。后听另一位老八路水野正昭说，前田去了神户休养，手抖得厉害，什么也写不了啦……真是遗憾！祝老人战胜病魔早日康复。

　　笔者结识前田老前辈已有十余年，他那波澜壮阔的动人事迹，我曾多次写文在《人民日报》《中国国防报》《环球人物》《新民晚报》等报刊上发表过；还带着他到他的第二故乡——山西省武乡县访问，并协助中央电视台拍摄了《呼唤和平》《老八路回乡记》《情系中国》等电视专题片。我每次去日本第一个拜访的人就是前田先生，总忘不了带点小米、红枣之类使他怀旧的小礼品。前几年前田先生将他亲自录下的有关中日战争关系的电视片录像带全部寄给了我，我打电话说："这么宝贵的资料，您留着参考多好。"他说："我这么大年纪，随时可能离别人世，送你参考写文章用吧……"2013年我与杨文彬先生（中国老八路，与前田先生在东北老航校一起工作过）合作写《反战同盟史话》一书。为此我去找了前田先生。我们在他家附近一间咖啡馆见面，他是拄着拐杖来的，说到请他为该书写几句话时，他说："这一阵子手抖得写不了。我说，你记吧。"当时我记下了这样一段话："在朱德总司令、罗瑞卿主任的指导下，在敌工部同志的帮助下，我们组织成立'觉醒联盟'，这在世界战争史上也是一个创举，体现了共产党俘虏政策的英明……"老人虽已98岁，但思维还很敏捷，竟然能出口成章（他出版过两本书，一本是《八路军内的日本兵》，另一本是《通化二·三暴动的真相》）。

"觉醒联盟"的诞生像一声春雷在中国大地炸响，觉醒了的日本士兵们毅然决然地投入反侵略战争的运动中，与中国人民心连心肩并肩浴血奋战，是顺天意得民心的壮举，这在世界战争史上也是创新。因此，"觉醒联盟"反战组织迅速扩大，像雨后春笋般在各地生根发展壮大。

1938年2月，日本青年进步作家鹿地亘和夫人池田幸子秘密来到重庆从事反战活动，在周恩来、郭沫若和国民党军队中部分爱国人士的支持下，于1939年12月23日在桂林成立了"在华日本人反战同盟西南支部"。

1940年春，日本共产党创始人之一野坂参三与周恩来一起从莫斯科来到延安，为了保密改名为林哲后又改称冈野进。在他的指导下与已在延安的原日本士兵吉积清、川田好长、市川春夫等成立了反战同盟延安支部。实际上成为反战同盟的指导部门，野坂参三就是反战同盟的最高指导者。

反战同盟延安支部处于抗战大后方，主要工作是利用各种方式、各种渠道向战场上的日军士兵和下级军官宣传侵略战争的本质，促使他们放下武器，一起反对军国主义，尽早结束战争。为此，他们编印了百余种宣传品，还出版了《士兵之友》日文月刊，受到广大日军士兵的喜爱。1940年10月，在野坂参三的倡议下，经中共中央和中央军委批准，在延安宝塔山下成立了"日本工农学校"，由八路军政治部主办，由野坂参三任校长、赵安博任副校长，学员全部是日军俘虏。最初只有11名学员，到抗战胜利前夕学员已达300多人，经过学习，这批学员成为抗战时期以及战后处理战俘和居留民工作的骨干力量。

1940年6月23日"觉醒联盟"第一支部建立（后改为太行支部），由松井英男担任首任支部长。百团大战时太行支部盟员全体出动配合八路军的军事行动，向日军士兵喊话效果十分显著。

1941年8月7日,由秋山良照、小原健次、成泽鬼彦三名同志在八路军冀南军区的帮助下成立了觉醒联盟冀南支部,秋山良照担任首任支部长,不久又增加了七名盟员。

1941年8月15日,反战同盟冀鲁豫支部成立,由水野靖夫(保谷政治)任首任支部长。水野靖夫还被杨勇将军任命为上尉炮兵教官,教授八路军炮兵技战术,深受好评。他还曾到抗大二分校教过一年日语。笔者多次采访过他,并带他到北京八宝山为杨勇将军夫妇扫墓献花,还一同到北京军区炮兵旅参观访问。可惜的是水野靖夫先生于2012年9月24日去世。他于1946年回到日本,到东京下了火车未回家,就到日本共产党总部报到,并多年担任船桥市日中友协会长,为多名中国留学生当保证人。

1941年2月23日,在八路军冀中军区的后方根据地河北省唐县南洪村,在冀中军区敌工部的组织下成立了反战同盟冀中支部,支部长是田中实(1943年战斗中被日军逮捕后英勇就义),盟员有吉田、东忠、山室繁、松山一郎等16人。

1941年5月4日,在八路军晋察冀军区驻地河北省平山县北头村,反战同盟晋察冀支部宣告成立,首任支部长是宫本,盟员有中原、古泽、有藤、夏川、小岛、上野、中村等15人。成立大会有2000名军民参加,场面非常壮观隆重。

1941年6月2日，在八路军山东军区，反战同盟山东支部宣布成立，支部长为滨田真美，副支部长为中庄太郎，宣传部长为今野博，盟员有坂谷政三、上田正雄等。

1942年8月，山东支部派出一部分盟员来到八路军山东鲁中军区成立了反战同盟鲁中支部，支部长为今野博、副支部长为小林宽澄。

位于江苏省连云港市赣榆区抗日山烈士陵园的今野博同志纪念碑

1941年9月18日，在八路军胶东军区由山中、布谷胜美、小林宽澄等成立了反战同盟胶东支部，山中任支部长。

1942年9月18日，在八路军清河军区成立了反战同盟清河支部。首任支部长为田村春树，盟员有松木春一、高桥、伊藤香山、木村等，1943年该支部随同军区变更，改名为反战同盟渤海支部。

1942年11月，在八路军滨海军区成立了反战同盟滨海支部，支部长为国保康次，有五名盟员。

各军区纷纷成立反战同盟支部。盟员都是原日本军人，他们熟知日本士兵思想、心理、习惯，又了解日军内部情况，他们通过电话、喊话、通信、送慰问袋等多种方法向日军士兵进行反战宣传，在瓦解日军、动摇斗志、涣散军心、增加厌战情绪、了解战争本质等方面，起到了特殊作用，在抗日战争中屡建奇功。

在延安革命根据地和八路军活动地区，反战同盟的组织蓬勃发展的同时，在新四军活动的华中抗日根据地，反战组织也同样迅速发展了起来。

1942年3月15日，在新四军第一师（苏中军区）成立了反战同盟苏中支部，支部长为香河正男，盟员有滨中政志、横山岩吉、田畑作造、后藤勇、松野觉等。

1942年7月15日，在新四军第三师（苏北军区）成立了反战同盟苏北支部，支部长为古贺初美，盟员有崛本龙藏、板桥、竹田、古桥、林田等。

1942年10月,在新四军第四师(淮北军区)成立了反战同盟淮北支部,后藤勇为首任支部长,盟员有矢口、小仓、松田等。

1942年11月,在新四军第二师(淮南军区)成立了反战同盟淮南支部,支部长为高峰红志,盟员有加藤、藤井、吉春、清水等。

1943年,在新四军第五师(鄂豫军区)成立了反战同盟第五支部,支部长为坂谷义次郎。

1944年3月4日,在著名的车桥战斗中,反战同盟华中支队成员全体出动,亲临前线向日军喊话宣传。支部宣传委员松野觉冒着敌人的炮火,跃进至距敌人碉堡20多米处喊话,不幸中弹当场英勇牺牲。在这次战斗中,新四军一师共俘虏山本一三炮兵中尉以下48人。

反战同盟不仅在八路军、新四军根据地蓬蓬勃勃如雨后春笋般发展壮大,而且在国民党统治区也得到相应的发展。

鹿地亘是日本进步作家,反战活动家。1938年春与夫人池田幸子经上海、武汉来到重庆。在周恩来、郭沫若和国民党军队中爱国人士的帮助下,1939年12月23日在桂林成立了"在华日人反战同盟西南支部",盟员有坂本秀夫、鲇川诚二、大山邦雄、松山速夫等11人。支部成立不久,全体盟员奔赴前线,在昆仑关、桂南宾阳战役中在阵前喊话,给日军非常大的震动,效果显著。由西南支部组成巡回工作团20余人来到重庆,公演由鹿地亘编剧的话剧《三兄弟》。这个话剧反映的是日本人民受到军阀的残酷压榨,通过奋起反抗、反对侵略战争,推翻军阀政府,找到日本人民唯一的出路的故事。演出盛况空前,受到各方人士好评,鼓舞了军民抗战热情。郭沫若说:"就像给我们添了五十万大军一样。"

1940年7月23日,"在华日人反战革命同盟会"成立大会在重庆军委会政治部第三厅礼堂举行,鹿地亘任本部会长。同年在国民党统治区鄂北,由伊藤进、北村芳子等成立了反战同盟第五战区支部。

反战同盟重庆本部和西南支部还编印发行了《为真理斗争》《人民之友》等定期刊物,同时还编译了多种《教育资料集》,对于教育日军士兵起到了积极作用。在鹿地亘的主持下还举办了为期一个月的夏季特别训练班,对盟员进行马列主义基本理论教育和对敌宣传工作方法训练。重庆本部还办了国际广播电台,播音员绿川洋子用她充满激情的日语广播感动了广大的日本士兵和人民,收到了极好的效果。反战同盟重庆本部和西南支部还三次组织工作队,深入前线向日军士兵喊话,给日军很大震动。

以鹿地亘为首的在国民党统治区内的反战运动蓬勃发展、成就显著,但是却遭到国民党政府的干扰和破坏。国民党政府下令解散反战同盟,盟员竟被遣送到贵州镇远第二俘虏收容所,切断了他们与外界的联系。反战活动被扼杀在摇篮里。

解放区内的反战同盟和觉醒联盟虽然发展迅猛,但是组织分散，缺乏统一领导机构，没有统一指挥中心，无法形成更大的反战运动，国民党又禁止解放区的反战组织与重庆反战组织联系，而且1941年8月国民党政府下令解散了重庆反战同盟。

在这种状况下急需组织成立反战运动统一指挥中心。于是，由反战同盟延安支部发起召开华北反战团体大会的倡议，得到各地反战同盟和觉醒联盟积极响应。1942年8月15日至30日，"华北日本士兵代表大会"和"华北日人反战团体大会"在延安召开。大会总结了过去的工作经验，制定出新的工作方针，统一了华北日本反战力量，促进了反战同盟的发展壮大。

大会代表是来自15个原日军部队的士兵和下级军官，兵种有步兵、炮兵、骑兵、水兵、工兵等。代表们从日本士兵的切身利益出发，讨论了目前日本士兵的迫切要求，产生了《日本士兵要求书》，《要求书》共有228条，内容包括"不准打耳光""让我们吃饱饭"等等，对日军士兵鼓舞极大，成为他们与上级斗争的纲领。

华北日人反战团体大会通过一项重要决议：成立"在华日人反战同盟华北联合会"。大会选举前田光繁（杉本一夫）为联合会会长，吉积清、松井敏夫、高山进、茂田江纯、龙泽三郎、香川孝志为执行委员。华北联合会的成立使华北各地的反战团体在组织上得到空前的统一，有了统一领导。为了统一华北反战组织名称，"觉醒联盟"改名为"反战同盟"。大会还制定了《工作方针书》，成为反战同盟今后的工作指导纲领，具体内容为：反战同盟当前的任务是克服困难，加强反战同盟内部团结，努力学习马列主义、毛泽东思想，进一步加强对日军士兵的宣传工作，进而粉碎日本军国主义政府，迎接最后的胜利。

随着国际反法西斯斗争形势的迅速发展，为了迎接抗日战争的最后胜利，同盟的宣传对象也相应扩大。不仅仅限于对日军士兵宣传，对居留海外的日本侨民、日本国内人民也要进行宣传，以便联合各阶层人民，形成反对战争、反对军部、反对反动政府的运动。于是1944年1月15日至2月16日，日人反战同盟华北联合会扩大执行委员会在延安召开。

野坂参三、前田光繁、吉积清、高山进、吉田太郎、松江一郎、保谷政治等执行委员和各支部代表出席大会，朱德总司令和叶剑英总参谋长参加了大会开幕式并讲了话。大会通过一项重要决议，决定成立"日本人民解放联盟"。为此先成立了"日本人民解放联盟创立准备委员会"，选举野坂参三、前田光繁、吉积清三人为华北委员。大会还通过了《日本人民解放联盟纲领（草案）》和《日本人民解放联盟章程（草案）》，通过了致八路军、新四军部的日人反战同盟各支部、致海外日本人的两个电文。到1944年4月，改名为日本人民解放联盟华北协议会，建有支部13个，盟员总数为223名。

1945年8月15日，日本宣布无条件投降。8月17日，日本天皇下令日本一切部队停战投降。在中国大陆与八路军、新四军作战的日军部队本应向八路军、新四军缴械投降，可是国民党政府却向在华日军发布了只准向国民党军队投降的通告，妄图抢走中国人民、八路军、新四军应获得的抗战胜利成果。为此，日本人民解放联盟各支部便竭尽全力配合八路军、新四军做好命令日军缴械投降的工作。日本人民解放联盟还及时发出通电，督促日军部队向与他们战斗了八年的八路军、新四军投降。电文如下：

亲爱的日本士兵们：

日本政府接受七月二十六日同盟国在波茨坦发出的公告，向苏、美、英、中无条件投降。据三国《波茨坦公告》，解除日军武装，国外的日本士兵得完全返回日本，日本内地将由盟国占领，严惩发动并进行此次战争的日本军人、官吏、政治家、财阀，在日本国内实行允许言论、宗教、思想自由的民主政治。现在，日本政府接受了上述条件，因此，一直统治日本的军部及其□派已被打倒，将实施人民的政治，这对日本人民是极大的幸福，前线的士兵能够回到故乡再过和平的生活了。

我们日本人民解放联盟始终为了反对这一可诅咒的战争，打倒军部而奋斗，今天此目的将实现。我们大部分盟员都是和你们一样的日本士兵，在战斗中被俘虏的，但八路军、新四军并不把我们当作俘虏看待，而看作可同情的朋友，在物质上亦尽量地给我们优待，又为了教育我们，在延安、山东、华中等地成立了日本工农学校，这些事实想来你们一定从八路军、新四军释放回去的日本士兵及日侨那里听到了。我们解放联盟所以能在华北、华中、华南等地成立支部，并为建立新日本而战斗，这一切全是八路军、新四军的帮助。八路军、新四军是日本人民的亲密的朋友，将来各位回日本后，同样也会给你们以一切援助。

亲爱的日本士兵们！可恶的战争结束了！日本政府命令你们停止战争，投降盟军。在你们面前是八路军、新四军，这些军队抱着和曾经接待我们的同样的友情和亲切，期待着你们过来。不管你们指挥官发出怎样的命令，停止徒然的抵抗，立即带着武器到八路军、新四军和解放联盟来。

八路军、新四军内除了我们日本人之外，还有许多会说日本话的中国人，你们决不会感到不方便。你们如果带了武装过来，你们的生命将得到保障，名誉受到尊重，我们尽量优待你们。等到交通恢复、情况安定时，即将你们送回自己的家乡。

看了这张传单以后，请你们和战友商量，马上一起到我们这边来，如果你们不过来，你们将遭受不幸。我们以极大的热忱等待你们过来。

由于日本人民解放联盟的积极工作，不少日军部队向八路军、新四军投降，从而挽救了许多人的生命，避免了无谓的牺牲。

1945年8月17日，日本人民解放联盟向朱德总司令发出致敬电。

1945年8月30日在延安王家坪大礼堂举行欢送大会,欢送即将离开延安、奔赴东北前线的日本人民解放同盟成员及延安日本工农学校全体学员。叶剑英总参谋长、李初梨(敌工部部长)等领导出席大会并讲话。大会还通过了向毛主席、朱总司令的致敬信。

同年9月10日,野坂参三带着吉积清、香川孝志、佐藤猛夫三人与聂荣臻、刘澜涛、萧劲光、罗瑞卿等同志搭乘来延安接美国飞行员的飞机到达东北。然后四人又到苏联,在莫斯科与苏共领导人协商战后日本民主建设等问题。1946年1月3日,经朝鲜回到阔别多年的祖国——日本。同年1月26日,在日比谷公园召开了野坂参三归国欢迎大会,5万多群众参加了热烈隆重的大会。野坂参三情绪激昂地发表了著名的《我们爱共产党》的演说。

野坂等同志临行前,毛泽东为他们饯行,周恩来、朱德、任弼时等领导出席欢送会。9月18日由姓刘的老红军和前田光繁带领200名解放同盟盟员和日本工农学校的学员,从延安徒步出发,日夜兼程,用了近一个月的时间赶到东北,一部分人员回到日本,一部分人员由于工作需要留下来,参加遣返日军和日侨工作。华北各地解放同盟成员大部分与遣返的日军俘虏一起回到了日本(一些骨干成员直到1958年才回日本)。不少盟员在中国成为共产党员,回到日本都到日共中央报到,并积极工作。

1946年3月,鹿地亘回到日本,同年5月国民党统治区反战同盟170名盟员集体归国，5月17日这批盟员在开往东京的列车上召开了反战同盟解散大会。

在中国人民艰苦卓绝的抗日战争中，反战同盟成员这些可敬的日本老八路与中国军民心连心、肩并肩呼唤和平、浴血奋战，表现出高度的国际主义精神，涌现出无数可歌可泣的动人事迹。据日本八路军、新四军会1995年不完全调查，抗日战争中共有22名反战同盟成员在中国牺牲。

回到日本的盟员一直热心从事日中友好活动，他们到学校、社会团体演讲，有几位盟员出版了回忆录，多数人都担任了当地日中友协或和平协会的领导。

这篇文章写得较长，请读者原谅。还得说几句我为什么要翻译野坂参三这本《为和平而战》，主要是因为近几年一直追踪采访反战同盟的老前辈，他们的事迹都不同，但都介绍的是片面的情况，缺乏概括全景式的著作。有一次在阅读资料时知道野坂参三著有这样的书，可是访遍了神保町的古旧书店就是找不到（因是1947年出版的），但一直在心里惦念此事。这次到日本治病，出院后住在儿子家，闲谈中说起想找这本书的事，在中国南方航空公司日本分社工作的小儿子在网上搜遍了日本的古书店图书目录，终于在一家外地书店找到了，而且就只有一册，虽定价挺贵但还是为我买了下来，真高兴！我急忙粗读了一遍，感觉很好。一是作者是反战同盟最高指导者，站得高、看得远，内容十分全面，反战同盟活动内容全都有所记录。比如：打电话、喊话、通信、送慰问袋等等。二是记录的内容十分真实详尽,比如:给日军岗楼里打电话(此前采访日本老八路时只是说打过电话,具体内容说得不详细),而这本书中打电话的内容,都是一句一句十分具体清楚,日军士兵怎么回答,又提了什么问题都一一记录下来,可以说这是十分宝贵的抗战史真实的记录,是研究抗战史十分珍贵的历史资料。三是此书的内容是野坂先生从战斗在最前线的盟员的大量汇报材料中精选出来的,有一部分是盟员直接向他口头汇报的。因此,书中常以第一人称书写更显得真实、生动,让读者有身临其境的感觉。四是此书部分章节曾在1945年延安的《解放日报》连载,毛泽东看后大加赞赏。有点遗憾的是,此书没有国民党统治区以鹿地亘为首的反战同盟活动情况。因为国民党政府的干扰破坏,禁止他们与延安方面反战同盟联系,自然在当时也就难以收集他们的活动汇报了。

不过读者可以参阅笔者与杨文彬先生合著的《在华日人反战运动纪实》一书的第三章"重庆反战同盟的艰难历程"。

殷占堂

2014年11月草于东京

2015年9月3日改于北京